北京大學中國語言學研究中心

早期北京話珍稀文獻集成
主編 劉雲

——朝鮮日據時期漢語會話書匯編
分卷主編 〔韓〕朴在淵 〔韓〕金雅瑛

改正增補漢語獨學

〔韓〕宋憲奭 著
〔韓〕朴在淵 〔韓〕金雅瑛 校注

北京大學出版社
PEKING UNIVERSITY PRESS

图书在版编目(CIP)数据

改正增補漢語獨學 /（韓）宋憲奭著；（韓）朴在淵，（韓）金雅瑛校注. —北京：北京大學出版社，2017.6
（早期北京話珍本典籍校釋與研究）
ISBN 978-7-301-28096-6

Ⅰ.①改…　Ⅱ.①宋…②朴…③金…　Ⅲ.①北京話—研究　Ⅳ.①H172.1

中國版本圖書館CIP數據核字(2017)第066458號

書　　　名	改正增補漢語獨學
	GAIZHENG ZENGBU HANYU DUXUE
著作責任者	［韓］宋憲奭　著　［韓］朴在淵　［韓］金雅瑛　校注
責任編輯	宋思佳　宋立文
韓文編輯	劉　暢
標準書號	ISBN 978-7-301-28096-6
出版發行	北京大學出版社
地　　　址	北京市海淀區成府路205號　100871
網　　　址	http://www. pup. cn　　新浪微博:@北京大學出版社
電子信箱	zpup@ pup. cn
電　　　話	郵購部 62752015　發行部 62750672　編輯部 62753027
印　刷　者	北京京华虎彩印刷有限公司
經　銷　者	新華書店
	730毫米×980毫米　16開本　11.75印張　104千字
	2017年6月第1版　2017年6月第1次印刷
定　　　價	48.00元

未經許可，不得以任何方式複製或抄襲本書之部分或全部內容。
版權所有，侵權必究
舉報電話: 010-62752024　電子信箱: fd@pup.pku.edu.cn
圖書如有印裝質量問題，請與出版部聯繫，電話: 010-62756370

總　序

　　語言是文化的重要組成部分,也是文化的載體。語言中有歷史。

　　多元一體的中華文化,體現在我國豐富的民族文化和地域文化及其語言和方言之中。

　　北京是遼金元明清五代國都(遼時爲陪都),千餘年來,逐漸成爲中華民族所公認的政治中心。北方多個少數民族文化與漢文化在這裏碰撞、融合,產生出以漢文化爲主體的、帶有民族文化風味的特色文化。

　　現今的北京話是我國漢語方言和地域文化中極具特色的一支,它與遼金元明四代的北京話是否有直接繼承關係還不是十分清楚。但可以肯定的是,它與清代以來旗人語言文化與漢人語言文化的彼此交融有直接關係。再往前追溯,旗人與漢人語言文化的接觸與交融在入關前已經十分深刻。本叢書收集整理的這些語料直接反映了清代以來北京話、京味文化的發展變化。

　　早期北京話有獨特的歷史傳承和文化底蘊,於中華文化、歷史有特別的意義。

　　一者,這一時期的北京歷經滿漢雙語共存、雙語互協而新生出的漢語方言——北京話,她最終成爲我國民族共同語(普通話)的基礎方言。這一過程是中華多元一體文化自然形成的諸過程之一,對於了解形成中華文化多元一體關係的具體進程有重要的價值。

　　二者,清代以來,北京曾歷經數次重要的社會變動:清王朝的逐漸孱弱、八國聯軍的入侵、帝制覆滅和民國建立及其伴隨的滿漢關係變化、各路軍閥的來來往往、日本侵略者的占領,等等。在這些不同的社會環境下,北京人的構成有無重要變化?北京話和京味文化是否有變化?進一步地,地域方言和文化與自身的傳承性或發展性有着什麼樣的關係?與社會變遷有着什麼樣的關係?清代以至民國時期早期北京話的語料爲研究語言文化自身傳承性與社會的關係提供了很好的素材。

了解歷史才能更好地把握未來。新中國成立後，北京不僅是全國的政治中心，而且是全國的文化和科研中心，新的北京話和京味文化或正在形成。什麼是老北京京味文化的精華？如何傳承這些精華？爲把握新的地域文化形成的規律，爲傳承地域文化的精華，必須對過去的地域文化的特色及其形成過程進行細致的研究和理性的分析。而近幾十年來，各種新的傳媒形式不斷涌現，外來西方文化和國内其他地域文化的衝擊越來越强烈，北京地區人口流動日趨頻繁，老北京人逐漸分散，老北京話已幾近消失。清代以來各個重要歷史時期早期北京話語料的保護整理和研究迫在眉睫。

　　"早期北京話珍本典籍校釋與研究（暨早期北京話文獻數字化工程）"是北京大學中國語言學研究中心研究成果，由"早期北京話珍稀文獻集成""早期北京話數據庫"和"早期北京話研究書系"三部分組成。"集成"收錄從清中葉到民國末年反映早期北京話面貌的珍稀文獻并對內容加以整理，"數據庫"爲研究者分析語料提供便利，"研究書系"是在上述文獻和數據庫基礎上對早期北京話的集中研究，反映了當前相關研究的最新進展。

　　本叢書可以爲語言學、歷史學、社會學、民俗學、文化學等多方面的研究提供素材。

　　願本叢書的出版爲中華優秀文化的傳承做出貢獻！

王洪君、郭鋭、劉雲
二〇一六年十月

"早期北京話珍稀文獻集成"序

　　清民兩代是北京話走向成熟的關鍵階段。從漢語史的角度看,這是一個承前啓後的重要時期,而成熟後的北京話又開始爲當代漢民族共同語——普通話源源不斷地提供着養分。蔣紹愚先生對此有着深刻的認識:"特別是清初到19世紀末這一段的漢語,雖然按分期來説是屬于現代漢語而不屬於近代漢語,但這一段的語言(語法,尤其是詞彙)和'五四'以後的語言(通常所説的'現代漢語'就是指'五四'以後的語言)還有若干不同,研究這一段語言對於研究近代漢語是如何發展到'五四'以後的語言是很有價值的。"(《近代漢語研究概要》,北京大學出版社,2005年)然而國内的早期北京話研究并不盡如人意,在重視程度和材料發掘力度上都要落後於日本同行。自1876年至1945年間,日本漢語教學的目的語轉向當時的北京話,因此留下了大批的北京話教材,這爲其早期北京話研究提供了材料支撑。作爲日本北京話研究的奠基者,太田辰夫先生非常重視新語料的發掘,很早就利用了《小額》《北京》等京味兒小説材料。這種治學理念得到了很好的傳承,之後,日本陸續影印出版了《中國語學資料叢刊》《中國語教本類集成》《清民語料》等資料匯編,給研究帶來了便利。

　　新材料的發掘是學術研究的源頭活水。陳寅恪《〈敦煌劫餘録〉序》有云:"一時代之學術,必有其新材料與新問題。取用此材料,以研求問題,則爲此時代學術之新潮流。"我們的研究要想取得突破,必須打破材料桎梏。在具體思路上,一方面要拓展視野,關注"異族之故書",深度利用好朝鮮、日本、泰西諸國作者所主導編纂的早期北京話教本;另一方面,更要利用本土優勢,在"吾國之舊籍"中深入挖掘,官話正音教本、滿漢合璧教本、京味兒小説、曲藝劇本等新類型語料大有文章可做。在明確了思路之後,我們從2004年開始了前期的準備工作,在北京大學中國語言學研究中心的大力支持下,早期北京話的挖掘整理工作於2007年正式啓動。本次推出的"早期北京話珍稀文獻集成"是階段性成果之一,總體設計上"取異族之故書與吾國之舊籍互相補正",共分"日本北京話教科書匯編""朝鮮日據時期漢語會話書匯編""西人北京話教科書匯編""清代滿漢合璧文獻萃編""清代官話正音文獻""十全福""清末民初京味兒小説書系""清末民初京味兒時評書系"八個系列,臚列如下:

"日本北京話教科書匯編"於日本早期北京話會話書、綜合教科書、改編讀物和風俗紀聞讀物中精選出《燕京婦語》《四聲聯珠》《華語跬步》《官話指南》《改訂官話指南》《亞細亞言語集》《京華事略》《北京紀聞》《北京風土編》《北京風俗問答》《北京事情》《伊蘇普喻言》《搜奇新編》《今古奇觀》等二十餘部作品。這些教材是日本早期北京話教學活動的縮影,也是研究早期北京方言、民俗、史地問題的寶貴資料。本系列的編纂得到了日本學界的大力幫助。冰野善寬、内田慶市、太田齋、鱒澤彰夫諸先生在書影拍攝方面給予了諸多幫助。書中日語例言、日語小引的翻譯得到了竹越孝先生的悉心指導,在此深表謝忱。

"朝鮮日據時期漢語會話書匯編"由韓國著名漢學家朴在淵教授和金雅瑛博士校注,收入《改正增補漢語獨學》《修正獨習漢語指南》《高等官話華語精選》《官話華語教範》《速修漢語自通》《速修漢語大成》《無先生速修中國語自通》《官話標準:短期速修中國語自通》《中語大全》《"内鮮滿"最速成中國語自通》等十餘部日據時期(1910年至1945年)朝鮮教材。這批教材既是對《老乞大》《朴通事》的傳承,又深受日本早期北京話教學活動的影響。在中韓語言史、文化史研究中,日據時期是近現代過渡的重要時期,這些資料具有多方面的研究價值。

"西人北京話教科書匯編"收錄了《語言自邇集》《官話類編》等十餘部西人編纂教材。這些西方作者多受過語言學訓練,他們用印歐語的眼光考量漢語,解釋漢語語法現象,設計記音符號系統,對早期北京話語音、詞彙、語法面貌的描寫要比本土文獻更爲精準。感謝郭鋭老師提供了《官話類編》《北京話語音讀本》和《漢語口語初級讀本》的底本,《尋津録》、《語言自邇集》(第一版、第二版)、《漢英北京官話詞彙》、《華語入門》等底本由北京大學圖書館特藏部提供,謹致謝忱。《華英文義津逮》《言語聲片》爲筆者從海外購回，其中最爲珍貴的是老舍先生在倫敦東方學院執教期間，與布魯斯和愛德華兹共同編寫的教材——《言語聲片》。這是世界上第一部有聲漢語教材，上册爲中文課本，下册爲英文翻譯和講解，用音標標注課文的讀音。墨緑色燙金封面，紙張和裝訂極爲考究，上册書中漢字均由老舍先生親筆書寫，隨書唱片内容也由他親自朗讀，京韻十足，殊爲珍貴。

上述三類"異族之故書"經江藍生、張衛東、汪維輝、張美蘭、李無未、王順洪、張西平、魯健驥、王澧華諸先生介紹，已經進入學界視野，對北京話研究和對外漢語教學史研究產生了很大的推動作用。我們希望將更多的域外經典北京話教本引入進來，考慮到日本卷和朝鮮卷中很多抄本字跡潦草，難以辨認，而刻本、印本中也存在着大量的異體字和俗字，重排點校注釋的出版形式更利于研究者利用，這也是前文"深度利用"的含義所在。

對"吾國之舊籍"挖掘整理的成果，則體現在下面五個系列中：

"清代滿漢合璧文獻萃編"收入《清文啓蒙》《清話問答四十條》《清文指要》《續編兼漢清文指要》《庸言知旨》《滿漢成語對待》《清文接字》《重刻清文虚字指南編》等十餘部經典滿漢合璧文獻。入關以後，在漢語這一强勢語言的影響下，熟習滿語的滿人越來越少，故雍正以降，出現了一批用當時的北京話注釋翻譯的滿語會話書和語法書。這批教科書的目的本是教授旗人學習滿語，却無意中成爲了早期北京話的珍貴記録。"清代滿漢合璧文獻萃編"首次對這批文獻進行了大規模整理，不僅對北京話溯源和滿漢語言接觸研究具有重要意義，也將爲滿語研究和滿語教學創造極大便利。由于底本多爲善本古籍，研究者不易見到，在北京大學圖書館古籍部和日本神户外國語大學竹越孝教授的大力協助下，"萃編"將以重排點校加影印的形式出版。

"清代官話正音文獻"收入《正音撮要》（高静亭著）和《正音咀華》（莎彝尊著）兩種代表著作。雍正六年（1728），雍正諭令福建、廣東兩省推行官話，福建爲此還專門設立了正音書館。這一"正音"運動的直接影響就是以《正音撮要》和《正音咀華》爲代表的一批官話正音教材的問世。這些書的作者或爲旗人，或寓居京城多年，書中保留着大量北京話詞彙和口語材料，具有極高的研究價值。沈國威先生和侯興泉先生對底本搜集助力良多，特此致謝。

　　《十全福》是北京大學圖書館藏《程硯秋玉霜簃戲曲珍本》之一種，爲同治元年陳金雀抄本。陳曉博士發現該傳奇雖爲昆腔戲，念白却多爲京話，較爲罕見。

　　以上三個系列均爲古籍，且不乏善本，研究者不容易接觸到，因此我們提供了影印全文。

　　總體來說，由于言文不一，清代的本土北京話語料數量較少。而到了清末民初，風氣漸開，情況有了很大變化。彭翼仲、文實權、蔡友梅等一批北京愛國知識分子通過開辦白話報來"開啟民智""改良社會"。著名愛國報人彭翼仲在《京話日報》的發刊詞中這樣寫道："本報爲輸進文明、改良風俗，以開通社會多數人之智識爲宗旨。故通幅概用京話，以淺顯之筆，達樸實之理，紀緊要之事，務令雅俗共賞，婦稚咸宜。"在當時北京白話報刊的諸多欄目中，最受市民歡迎的當屬京味兒小說連載和《益世餘譚》之類的評論欄目，語言極爲地道。

　　"清末民初京味兒小說書系"首次對以蔡友梅、冷佛、徐劍膽、儒丐、勳銳爲代表的晚清民國京味兒作家群及作品進行系統挖掘和整理，從千餘部京味兒小說中萃取代表作家的代表作品，并加以點校注釋。該作家群活躍於清末民初，以報紙爲陣地，以小說爲工具，開展了一場轟轟烈烈的底層啟蒙運動，爲新文化運動的興起打下了一定的群衆基礎，他們的作品對老舍等京味兒小說大家的創作產生了積極影響。本系列的問世亦將爲文學史和思想史研究提供議題。于潤琦、方梅、陳清茹、雷曉彤諸先生爲本系列提供了部分底本或館藏綫索，首都圖書館歷史文獻閱覽室、天津圖書館、國家圖書館提供了極大便利，謹致謝意！

　　"清末民初京味兒時評書系"則收入《益世餘譚》和《益世餘墨》，均係著名京味兒小說家蔡友梅在民初報章上發表的專欄時評，由日本岐阜聖德學園大學劉一之教授、矢野賀子教授校注。

　　這一時期存世的報載北京話語料口語化程度高，且總量龐大，但發掘和整理却殊爲不易，稱得上"珍稀"二字。一方面，由於報載小說等欄目的流行，外地作者也加入了京味兒小說創作行列，五花八門的筆名背後還需考證作者是否爲京籍，以蔡友梅爲例，其真名爲蔡松齡，查明的筆名還有損、損公、退化、亦我、梅蒐、老梅、今睿等。另一方面,這些作者的作品多爲急就章,文字錯訛很多,并且鮮有單行本存世,老報紙殘損老化的情况日益嚴重,整理的難度可想而知。

上述八個系列在某種程度上填補了相關領域的空白。由于各個系列在内容、體例、出版年代和出版形式上都存在較大的差異,我們在整理時借鑒《朝鮮時代漢語教科書叢刊續編》《〈清文指要〉匯校與語言研究》等語言類古籍的整理體例,結合各個系列自身特點和讀者需求,靈活制定體例。"清末民初京味兒小説書系"和"清末民初京味兒時評書系"年代較近,讀者群體更爲廣泛,經過多方調研和反復討論,我們决定在整理時使用簡體横排的形式,儘可能同時滿足專業研究者和普通讀者的需求。"清代滿漢合璧文獻萃編""清代官話正音文獻"等系列整理時則采用繁體。"早期北京話珍稀文獻集成"總計六十餘册,總字數近千萬字,稱得上是工程浩大,由于我們能力有限,體例和校注中難免會有疏漏,加之受客觀條件所限,一些擬定的重要書目本次無法收入,還望讀者多多諒解。

"早期北京話珍稀文獻集成"可以説是中日韓三國學者通力合作的結晶,得到了方方面面的幫助,我們還要感謝陸儉明、馬真、蔣紹愚、江藍生、崔希亮、方梅、張美蘭、陳前瑞、趙日新、陳躍紅、徐大軍、張世方、李明、鄧如冰、王强、陳保新諸先生的大力支持,感謝北京大學圖書館的協助以及蕭群書記的熱心協調。"集成"的編纂隊伍以青年學者爲主,經驗不足,兩位叢書總主編傾注了大量心血。王洪君老師不僅在經費和資料上提供保障,還積極扶掖新進,"我們搭臺,你們年輕人唱戲"的話語令人倍感温暖和鼓舞。郭鋭老師在經費和人員上也予以了大力支持,不僅對體例制定、底本選定等具體工作進行了細致指導,還無私地將自己發現的新材料和新課題與大家分享,令人欽佩。"集成"能够順利出版還要特别感謝國家出版基金規劃管理辦公室的支持以及北京大學出版社王明舟社長、張鳳珠副總編的精心策劃,感謝漢語編輯室杜若明、鄧曉霞、張弘泓、宋立文等老師所付出的辛勞。需要感謝的師友還有很多,在此一并致以誠摯的謝意。

"上窮碧落下黄泉,動手動腳找東西",我們不奢望引領"時代學術之新潮流",惟願能給研究者帶來一些便利,免去一些奔波之苦,這也是我們向所有關心幫助過"早期北京話珍稀文獻集成"的人士致以的最誠摯的謝意。

劉　雲
二〇一五年六月二十三日
於對外經貿大學求索樓
二〇一六年四月十九日
改定於潤澤公館

整理说明

本叢書收錄的是20世紀前半葉韓國出版的漢語教材，反映了那個時期韓國漢語教學的基本情況。教材都是刻版印刷，質量略有參差，但總體上來說不錯。當然，錯誤難免，這也是此次整理所要解決的。

考慮到閱讀的方便，整理本不是原樣照錄（如果那樣，僅影印原本已足够），而是將原本中用字不規範甚至錯誤之處加以訂正，作妥善的處理，方便讀者閱讀。

下面將整理情況作一簡要説明。

一、原本中錯字、漏字的處理。因刻寫者水平關係，錯字、漏字不少。整理時將正確的字用六角括號括起來置於錯字後面。如：

悠〔您〕、逳〔道〕、辨〔辦〕、兩〔雨〕、郡〔都〕、早〔旱〕、刪〔剛〕、往〔住〕、玖〔玫〕、牧〔牡〕、湖〔胡〕、衣〔做〕、長〔漲〕、瘐〔瘦〕、敞〔敝〕、泐〔泇〕、朣〔朣〕、掛〔褂〕、楬〔褐〕、紛〔粉〕、宁〔廳〕、蠊〔蟒〕、叹〔哎〕、林〔材〕、醮〔瞧〕、到〔倒〕、仙〔他〕、設〔説〕、悟〔誤〕、嗒〔瞎〕、顡〔顢〕、孃〔讓〕、斫〔砍〕、抗〔亢〕、搜〔樓〕、遛〔遛〕、藝〔甏〕、刃〔刀〕、歐〔毆〕、肯〔背〕、叔〔叙〕、坂〔坡〕、裹〔裏〕、炎〔災〕、正〔五〕、着〔看〕、呆〔茶〕、怜悧〔伶俐〕、邦〔那〕、尿〔屁〕、常〔當〕、師〔帥〕、撤〔撒〕、例〔倒〕、孽〔孽〕、昧〔眯〕

如果錯字具有系統性，即整部書全用該字形，整理本徑改。如：

"熱"誤作"熱"、"已"誤作"己"、"麽"誤作"麽"、"豐"誤作"豐"、"懂"誤作"憧/懂"、"聽"誤作"聼"、"緊"誤作"緊"

二、字跡漫漶或缺字處用尖括號在相應位置標出。如：

賞口〈罰〉、這口〈不〉是

三、異體字的處理。異體字的問題較爲複雜，它不僅反映了當時某一地域漢字使用的習慣，同時也可能提供別的信息，因此，對僅僅是寫法不同的異體字，整理本徑改爲通行字體。如：

呌—叫	你、儞—你	煮—煮
馱、䭾—馱	幫—幫	冒—冒
恠—怪	寃—冤	徃—往
胷—胸	樻—櫃	鴈—雁
决—決	牀—床	鎻—鎖
𥓙—碰	糚—裝	笛—個
閙—鬧	鑛—礦	牆—墻
舘—館	備—備	喒、偺、喒—咱
膓—腸	葯—藥	寳—寶
稟—稟	讃—讚	蓆—席
盃—杯	砲、礮—炮	姪—侄
窓—窗	耽—耽	欵—款
荅—答	糓—糧	竦—疏
聦—聰	賍—贓	搭—攬
餽—饋	擡—撐	躰—體
醎—鹹	坭—泥	窰—窑
滙—匯	朶—朵	擡—抬
煙—烟	賸—剩	骸—腿

以上字形，整理本取後一字。

對有不同用法的異體字，整理時加以保留。如：

疋—匹　　　升—昇—陞

四、部分卷册目錄與正文不一致，整理本做了相應的處理，其中有標號舛誤之處因涉及全書的結構，整理本暫仍其舊。

凡 例

一, 本書는 支那語學을 獨習케 ᄒ기 爲ᄒ야 編成흠..

一, 支那語의 音을 漢字 右邊에 朝鮮文으로 懸付ᄒ야 自習의 便宜를 與ᄒ고 下에 朝鮮語로 譯ᄒ야 意味의 如何흠을 詳釋흠.

一, 支那語의 發音에 上聲, 去聲, 上平, 下平의 四聲이 有ᄒ나 朝鮮文으로는 完全히 區別키 難흠으로 其近似흔 音으로 識別ᄒ얏스니 覽者는 極히 注意흠이 可흠.

一, 本書는 六十課로 分排ᄒ야 會話와 常言을 表示ᄒ고 下附錄에 索引을 添ᄒ야 各課中難澁흔 字를 參考解得케 흠.

朝鮮文 音讀法

一, 걊는 가오 兩字를 促音으로 呼홈이니 낟, 닸, 샨 等이 皆做此홈.

一, 꺼는 거우 兩字를 促音으로 呼홈이니 끗, 섯, 훳 等이 皆做此홈.

一, ㅒ는 바파 間 音이니 ㅑ, ㅃ 等은 皆上法을 依ㅎ야 讀홈.

一, ㅅ은 ㄹ音과 同ㅎ나 ㄹ보다 輕히 讀ㅎ야 即 英字의 R과 近似ㅎ니 쉿, 숴 等이 皆做此홈.

一, ㅚ는 아사 間 音이니 쏵, 야 等이 皆做此홈.

目　錄

第一課　數字 …………………… 1
第二課　連語 …………………… 1
第三課　代名詞 ………………… 1
第四課　連語（問）……………… 2
第五課　連語（答）……………… 2
第六課　連語（問）……………… 2
第七課　連語（答）……………… 3
第八課　連語（問）……………… 3
第九課　連語（答）……………… 3
第十課　連語（問答）…………… 4
第十一課　連語（問答）………… 4
第十二課　連語（問答）………… 4
第十三課　連語（問答）………… 5
第十四課　連語（問答）………… 5
第十五課　連語（問答）………… 6
第十六課　連語（問答）………… 6
第十七課　連語（問答）………… 7
第十八課　連語（問答）………… 8
第十九課　連語（問答）………… 8
第二十課　連語（問答）………… 9
第二十一課　動詞用法 ………… 9
第二十二課　連語（天氣）……… 11
第二十三課　連語（時節）……… 11
第二十四課　連語（年賀）……… 12
第二十五課　連語（避暑）……… 13
第二十六課　連語（出外）……… 14
第二十七課　連語（賞景）……… 15
第二十八課　連語（天長節）… 16
第二十九課　連語（歲末）……… 17
第三十課　連語（訪問）………… 18
第三十一課　名詞（天文）……… 18
第三十二課　名詞（地文）……… 19
第三十三課　名詞（各種）……… 19
第三十四課　短語 ………………… 23
第三十五課　形容詞 ……………… 24
第三十六課　連語（歇工）……… 24
第三十七課　連語（衣服）……… 25
第三十八課　連語（飲食）……… 25
第三十九課　連語（續）………… 26
第四十課　連語（客店）………… 26
第四十一課　連語（官訪）……… 27
第四十二課　連語（問病）……… 27
第四十三課　連語（訪友）……… 28
第四十四課　連語（行商）……… 29
第四十五課　連語（續）………… 29
第四十六課　連語（通刺）……… 30
第四十七課　連語（收穫）……… 31
第四十八課　連語（問路）……… 32
第四十九課　連語（出租）……… 32
第五十課　連語（喪事）………… 33
第五十一課　連語（商店）……… 33
第五十二課　連語（傭人）……… 34
第五十三課　連語（博覽會）… 35
第五十四課　連語（續）………… 36

第五十五課　連語（田舍）……… 36　第五十八課　連語（續）………… 39
第五十六課　連語（悶暑）……… 37　第五十九課　連語（續）………… 40
第五十七課　連語（常言）……… 38　第六十課　連語（續）…………… 42

附錄 ……………………………………………………………………… 44
改正增補漢語獨學（影印）…………………………………………… 51

第一課　數字

一 [이] 하나　　　　九 [쥬] 아홉
二 [얼] 둘　　　　　十 [쒸] 열
三 [싼] 셧　　　　　百 [비] 빅
四 [쓰] 넷　　　　　千 [쳰] 쳔
五 [우] 다셧　　　　萬 [완] 만
六 [류] 여셧　　　　億 [이] 억
七 [치] 일곱　　　　兆 [쟈] 죠
八 [빠] 여듧　　　　京 [징] 경

第二課　連語

一個人 [이거신] 한 사롬　　　一張刀 [이쟝단] 칼 한 개
一部書 [이부슈] 칙 한 부　　　一間房 [이쟨꺙] 방 한 간
一隻狗 [이지꺼우] 기 한 마리　一塊錢 [이쾌쳰] 돈 일 원
一匹馬 [이피마] 말 한 필　　　一陣風 [이즌쪙] 한 쎄 바람
一疋布 [이피부] 베 한 필　　　一隊魚 [이뒈위] 고기 한 쎄
一把扇 [이빠싼] 부치 한 즈루　一般心 [이빤씬] 일반 마음
一枝筆 [이지삐] 붓 한 쟈루　　一盅酒 [이즁쥬] 한 죵① 술
一塊石 [이쾌시] 돌 한 덩이

第三課　代名詞

我 [워] 나　　　　　他的 [타듸] 뎌②의, 뎌의 것
你 [늬] 너　　　　　那個 [나거] 뎌것
他 [타] 뎌　　　　　我們 [워믄] 우리들
那 [나] 뎌　　　　　你們 [늬믄] 너의들
我的 [워듸] 나의, 나의 것　他們 [타믄] 뎌의들
你的 [늬듸] 너의, 너의 것　這個 [저거] 이것

---

① 죵: 盅. 술잔의 하나.
② 뎌: 他. 그.

第四課　連語(問)

你是誰？[늬읫쒜] 로형은 뉘시오?
悠〔您〕是誰？[닌읫쒜] 당신은 뉘시오?
他是誰？[타읫쒜] 져는 누구오?
這個人是誰？[져거싄읫쒜] 이 사롬은 누구오?
那個人是誰？[나거싄읫쒜] 저 사롬은 누구오?
這位是誰？[저위읫쒜] 이분은 뉘시오?
那位是誰？[나위읫쒜] 져분은 뉘시오?

第五課　連語(答)

我姓王。[워싱왕] 내 성은 왕가오.
賤姓木。[쟨싱무] 쳔 성은 목가오.
他是我的親戚。[타읫워듸친치] 져는 내 친척이오.
這位是我的朋友。[저위읫워듸펑위] 이는 내 친구오.
那個人是我的兄弟。[나거싄읫워듸슝듸] 져는 내 동싱이오.
這個人是我的學生。[저거싄읫워듸쒜씽] 이는 우리 학싱이오.
那位是他的先生。[나위읫타듸쎈씽] 져는 져의 션싱이오.

第六課　連語(問)

這個是甚麽？[저거읫선마] 이것이 무엇이오？
那個是甚麽？[나거읫선마] 져것이 무엇이오？
是甚麽話？[읫선마화] 이 무슨 말솜이오？
是甚麽人？[읫선마싄] 이 무슨 사롬이오？
這個是甚麽東西？[저거읫선마둥시] 이것이 무슨 물건이오？
那個是甚麽事情？[나거읫선마읫칭] 져것이 무슨 수정이오？
現在甚麽時候？[쎈읫선마시훠] 지금 무슨 시오？

第七課　連語(答)

這是一封信。[져읫이펑신] 이것은 편지지오.

那個是枕頭。[나거읫쪈투] 져것은 베개오.
是游歷的話。[읫위리듸화] 이는 유력ᄒᆞ든[1] 이약이오.
是做買賣的。[읫쥐미－미듸] 이는 장사ᄒᆞᄂᆞᆫ 사롬이오.
是高麗的紅參。[읫꼬리듸홍썬] 이는 됴션[2]의 홍삼이오.
那是衙門的事情。[나읫야믄듸읫칭] 져것은 아문의 사졍이오.
現在是九點半。[쎤얶읫쥬뎬싼] 지금 아홉 졈 반이오.

第八課　連語(問)

那個好不好？[나거환부환] 져것이 좃소 좃치 안소？
你要那個？[늬야나거] 로형이 져것을 요구ᄒᆞ시오？
你愛那個？[늬애나거] 로형이 져것을 사랑ᄒᆞ시오？
你念那個書？[늬넨나거슈] 로형이 져 글을 읽으시오？
你上那個學堂？[늬샹나거쒜탕] 로형이 져 학당에 가시오？
你坐那個火輪船？[늬쮜나거훠룬촨] 로형이 져 륜션에 타시오？
你穿那一件衣裳？[늬촨나이졘이쌍] 로형이 웃던 의복을 입으시오？
那個是你的帽子？[나거읫늬듸마으] 져것은 로형의 모즈오？

第九課　連語(答)

這個很好。[져거흔환] 이것이 미우 좃소.
我愛這個。[워이져거] 나는 이것을 조와ᄒᆞ오.
我要這個。[워야져거] 나는 이것을 요구ᄒᆞ오.
我念這個書。[워넨져거슈] 나는 이 칙을 익소.
我上外國語學堂。[워쌍왜궈위쒜탕] 나는 외국어 학교에 가오.
我坐山東丸。[워쮜싼둥완] 나는 산동환을 타오.
我穿夏景天的衣裳。[워촨쌰징텬듸이쌍] 나는 여름옷을 입소.
這個是我的帽子。[져거싀워듸마으] 이것은 내 모쟈오.

---

[1] 유력ᄒᆞ든: 游歷. 유력하던. 여러 고장을 돌아다니다.
[2] 됴션: 高麗. 조선.

第十課 連語(問答)

先生, 您淸早。[쎈썽닌칭좌] 션싱 일슴니다.

您好啊? [닌화아] 로형 엇더ᄒ시오?

我好, 謝謝您。[워화쎈ᄉ쯔닌] 고맙소. 나는 좃슴니다.

您愛吃烟麼? [닌이치옌마] 로형 담비 잡슙기 질기심닛가?

我不愛吃烟。[워부이치옌] 나는 담비 먹기 질기지 안소.

您鋪裏生意很好? [닌푸리썽이흔화] 貴店內 싱게는 미우 좃슴닛⟨가⟩?

我店裏生意很好。[워뎐리썽이흔화] 店裏 싱게는 미우 좃소.

您因爲甚麼來呢? [닌인웨션마래늬] 로형 무슨 일로 오셧슴닛가?

我來問候您。[워래원휘닌] 나는 로형 심방ᄒ러 왓소.

第十一課 連語(問答)

您納貴姓? [닌나꿰싱] 뉘[뉘]되이시오?

賤姓張。[쟌싱쟝] 닉 셩은 쟝가오.

你今年幾歲? [늬진녠지쒜] 今年에 나이 몃이오?

我到了三十歲。[워돠라싼ᄋᆔ쒜] 나는 三十歲 되엿슴니⟨다⟩.

您有幾位兄弟? [닌우지위쑹듸] 몃 분 아오①가 게시오?

我有一個哥哥。[워우이거쩌쩌] 나는 형님 ᄒᆞᆫ 분 잇슴니다.

貴處是那一省? [꿰츄ᄋᆔ나이씽] 어느 도에 사르시오?

敝處京畿道城。[삐츄징지단청] 나는 경기도성에 사옵니다.

第十二課 連語(問答)

您貴姓? [닌꿰싱] 뉘 듸이시오?

賤姓李。[쟌싱리] 쳔 셩은 리가오.

貴處是甚麼地方? [꿰츄ᄋᆔ션마듸빵] 로형 어느 지방에 계시오?

敝處張家口。[삐츄쟝쟈커우] 나는 張家 동늬에 잇슴니다.

到京來有甚麼貴幹? [단징래우션마꿰깐] 서울 오심은 무슨 일이

---

① 아오: 兄弟. 아우.

잇슴닛가?
我是賣貨來了。[워씍미휘래라] 나는 물건 팔너 왓슴니다.
您販來的是甚麼貨物？[닌싼래듸쉬션마훠우] 팔너 오신 것은 무슨 물건이오?
我販來的是皮貨。[워싼래듸쉬피훠] 나 팔너 온 것은 피물①이올시다.

您在那兒住着了？[닌지나얼주져라] 로형 어듸서 유숙ᄒ시오?
我在城外頭店裏住着了。[워지청왜투뎬리주져라] 城外客店內에서 留宿ᄒ오.

第十三課 連語(問答)

尊姓大名？[쥰싱따밍] 尊姓과 大名은 무엇이오?
我賤姓金, 官名叫道一。[워잰싱진꽌밍쟢단이] 쳔 셩은 金이오, 관명은 道一이오.
貴昆仲幾位？[꿰쿤즁지위] 雁行②이 몃 분이오?
我們弟兄三個。[워믄듸쓩싼거] 나는 三兄弟올시다.
貴甲子？[꿰쟈쯔] 로형 무슨 싱이시오?
我還小哪, 今年二十九歲。[워히쌓나진녠얼쉬쥭쒀] 아즉 몃 살 안되엿소. 今年二十九歲 올시다.
恭喜在邢[那]兒？[꿍시지나얼] 營業은 어듸서 ᄒ시오?
我在京城做買賣。[워지징쳥쮀미-미] 경성에서 사홈니다.
請問寶號？[칭원밫화] 商號가 무엇이오?
小號泰昌。[쌰화태챵] 小號가 泰昌이올시다.

第十四課 連語(問答)

府上都好啊？[얖썅쭈화아] 퇵닉가 다 일안ᄒ시오?
托福托福, 倒很好。[퉈얖퉈얖단흔화] 덕퇵으로 잘 잇슴니다.
您幾時到敝處？[닌지싀단쎄츄] 로형 幾時에 여긔 오셧슴니가?
我到此地不過是一個月。[워닫쯔듸부궈싀이거웨] 닉가 此地에

---

① 피물(皮物): 皮貨. 가죽으로 만든 물건.
② 雁行:昆仲. 안항(雁行). 남의 형제를 높이는 말.

온 지 不過一個月이오.

這一向少見了。[져이썅쌰젼라] 요 시이 못 뵈엿소.

請坐, 喝茶吧。[칭쭤허차바] 안즈시오. 차 마스시오.

多謝多謝。[둬쎄둬쎄] 고맙슴니다.

您現在何處去？[닌쎈어허츄취] 로형 지금 어듸로 가시오？

我去候我的朋友。[워취훠워듸펑위] 나는 친구 심방 가옵니다.

您回去都替我請問好。[늬훼취쭈틔워칭원환] 로형 가시거든 모다 안부 좀 호여 쥬시오.

是, 我回去都替你説。[싀워훼취쭈틔늬쒀] 네, 나 도라가거든 로형의 안부 젼호오리다.

第十五課 連語(問答)

這是那兒？[져싀나-얼] 여긔가 어듸오닛가？

這是火車站。[져싀〈훠〉쳐잔] 여긔는 停車塲이오.

您上那兒去了？[닌샹나얼취랴] 로형 어듸로 가셧슴닛가？

我看博覽會去了。[워칸쒜란훼취랴] 나는 博覽會 보려 갓셧슴니다.

您打那兒來？[닌짜나얼릭] 로형 어듸로브터 오셧소？

我打家裏來。[워짜쟈리릭] 나는 집으로브터 왓슴니다.

您多咱去？[닌둬짠취] 로형 언제 가시려 호오？

我明天去。[워밍텐취] 나는 뉘일 가겟소.

您多咱回來的？[닌둬짠훼릭듸] 로형 언제 도라오셧소？

我昨天回來的。[워쭤텐훼릭듸] 나는 어제 도라왓소.

這是多咱買的？[져싀둬짠매-듸] 이것은 언제 산 것이오？

這是今年買的。[져싀진녠미-듸] 이것은 금년에 산 것이오.

多咱開船？[둬짠캐촨] 언제 出帆 호닛가？

明兒早起開船。[밍얼쟢치캐촨] 늬일 아츰에 出帆호오.

第十六課 連語(問答)

有多少里地？[워둬쌰리듸] 몃 리나 되오？

有三十五里地。[워싼시우리듸] 三十五里올시다.

這是多少錢？［져싀둬쏘쳰］이것은 갑시 을마오닛가？

這是十塊洋錢。［져읙싀쾌양쳰］이것은 洋錢十圓이오.

您要幾個？［닌야오지거］로형은 몃기나 쓰시려 ㅎ오？

我要兩個。［워야량거］나는 두 기 쓰겟소.

有幾個人？［위지거싄］몃 사람 잇슴닛가？

有五個人。［위우거싄］다섯 사람 잇슴니다.

學生有多少人？［쒜셩위둬쏘싄］학싱은 몃이나 잇슴닛가？

有五十個人。［위우시거싄］五十人 잇슴니다.

您學了多少日子？［닌쏘라둬쏘이쯔］로형 몃날이나 비오셧슴닛가？

我學了八個月。［워쏘라빠거웨］나는 륙［팔］기월 비왓슴니다.

現在明治多少年？［쎈얶밍읙둬쏘넨］지금은 明治 몃히오닛가？

現在明治四十四年。［쎈얶밍읙쓰시쓰넨］지금은 明治四十四年이오.

第十七課　連語(問答)

他有多大歲數兒？［타위둬짜쒜우얼］져는 몃 살이오닛가？

他是三十四歲。［타읙싼시쓰쒜］져는 三十四歲오.

有多大尺寸？［위둬짜츼춘］몃 자 몃 치나 되오？

有三尺七寸。［위싼츼치춘］三尺七寸이올시다.

還有多大工夫？［해위둬짜꿍후］아즉 얼마콩 時間이 잇슴닛가？

還有一點鐘。［해위이뎬즁］아즉 一點鐘 잇슴니다.

這個有多大分量？［져거위둬짜왼량］이것은 얼마콤 分量이 되오？

有三十二斤。［위싼읙얼진］三十二斤이올시다.

他怎麼稱呼？［타젼마쳥후］져는 무엇이라 부르옴닛가？

他姓朱。［타싱쥬］져의 셩은 쥬가오.

天氣怎麼樣？［톈치젼마양］일긔가 엇덧소？

是好天氣。［읙학톈치］일긔가 좃소.

這是怎麼辨〔辦〕好？［져읙젼마쌘화］이것은 엇지ㅎ면 좃켓소？

沒有甚麼法子。［메위선마얘쯔］아모 방법도 업소.

這個菜怎麼吃？［져거쳭젼마치］이 料理는 엇더케 먹슴닛가？

擱一點兒淸醬吃。［꺼이뎬얼칭쟝치］조곰 간장 쳐셔 먹소.

第十八課 連語(問答)

您怎麼不喝酒？［닌전마부허쥬］로형은 우이① 슐을 아니 마스시오？

我不愛喝酒。［워부애허쥬］나는 슐 마시기를 조와ᄒ지 안소.

他怎麼不來？［타전마부래］져는 우이 오지 안소？

他出外去了。［타츄왜취라］져는 츌타ᄒ엿소.

他爲甚麼哭？［타웨선마쿠］져는 우애 우름닛가？

他兄弟死了。［타쓩듸쓰라］져의 동ᄉᆡᆼ이 죽엇소.

爲甚麼不買？［웨선마부믜］우이 사지 안소？

東西不好。［둥싀부환］물건이 조치 안소.

爲甚麼不辦〔辨〕？［웨선마부빤］우이 ᄒ지 안슴닛가？

沒有工夫。［메위꿍왈〕시간이 업슴니다.

您哥哥在家麼？［늬쩌쩌엿쟈마］빅씨는 집에 게시오？

現在他不在家。［셴엿타부엿쟈］지금 그가 집에 업슴니다.

今兒上學堂去麼？［진얼샹쒜탕취마］오늘은 학당에 가심닛가？

今兒我不去。［진얼워부취］오날은 나는 가지 안소.

您會説中國話麼？［닌회쒀즁귀화마］로형, 한어 훌 쥴 아르시오？

我會一點兒, 不多。［워회이뎬얼부둬］나는 조곰밧게는 모르오.

第十九課 連語(問答)

您是王先生不是？［닌의왕쎈엥부의］로형 王先生 아니시오？

是, 我姓王。［의워싱왕］네, 늬 셩은 王가오.

他是法國人不是？［타의야궈신부의］져는 法人이 아니오닛가？

不是, 他是俄國人。［부의타싀어궈신］아니오, 져는 露人이오.

這是您買來的不是？［져의닌믜-래듸부의］이것은 로형이 사온 것이 아니오닛가？

不是, 是借來的。［부의의졔래듸］아니오, 이것은 비러 온 것이오.

您去不去？［닌취부취］로형 가시랴 ᄒ오 아니 가시려 ᄒ오？

我不去。［워부취］나는 아니 가겟소.

今天他來不來？［진텐타래부래］

---

① 우이: 怎麼. 왜.길.

오날 져는 옵닛가 아니 옵닛가?
他一定來。[타이띵래] 져는 쏙 오지오.
苦酒您喝不喝?[쿠쥬넌허부허] 믹쥬는 로형 잡슈심닛가?
我不要。[워부야오] 나는 원치 안소.
這個您給我不給我? [져거넌께워부께워] 이것을 로형 나에게 쥬시랴오?
可以給您。[커이께넌] 로형에게 드리지오.
道兒您知道不知道? [닫얼넌지단부지단] 길은 로형 아심닛가?
我不知道這〔道〕兒。[워부지단단얼] 나는 길을 모르오.

第二十課 連語(問答)

您現在睡覺不睡覺? [닌쉐얀쉐쟌부쉐쟌] 로형 지금 쥬무심닛가?
我還不睡覺。[워해부쉐쟌] 나는 아즉 자지 안소.
您認得他不認得? [닌신더타부인[신]더] 로형 져 스룸을 아심닛가?
我認得他。[워신더타] 나는 져를 아오.
他來了沒有? [타래라메위] 져는 왓슴닛가?
他已經來了。[타이징래라] 저는 발서 왓습니다.
他的病好了沒有? [타디빙환라메위] 져의 병이 낫슴닛가?
還沒好。[해메환] 아즉 낫지 안소.
事情辦完了沒有? [쓱칭빤완라메위] 일은 맛초엇슴닛가?
已經都辦完了。[이징두빤완라] 발서 다 맛초엇슴니다.
您吃飯了沒有? [닌츠빤라메위] 로형 진지 잡슈셧슴닛가?
我還沒吃。[워해메츠] 나는 아즉 먹지 아니ᄒ엿소.

第二十一課 動詞用法

現在

寫着字 [셰져쯔] 글씨를 쓴다.
看着書 [칸져슈] 글을 본다.
吃着飯 [츠져빤] 밥을 먹는다.
吃着麵包 [츠져몐뱌오] 면보①를 먹는다.
喝着酒 [허져쥬[죠]] 술을 마신다.
帶着表 [딘져뱌오] 시게를 찬다.

---
① 면보: 麵包. 빵.

過去

他去了。［타취라］졔가 갓다.
他回家去了。［타회쟈취라］져가 집에 도라갓다.
月亮上來了。［웨량쌍릭라］달이 올나왓다.
天陰起來了。［톈인치릭라］날이 흐럿다.
昨天下雨了。［쥐톈쌰워라］어제 비왓다.

吃了飯了。［츠라앤라］밥을 먹엇다.
着了涼了。［쟈라량라］감긔 드럿다.
打了人了。［다라신라］사롬을 쎳다.
受了傷了。［쎠라쌍라］어더마젓다.
吃了麵了。［츠라몐라］국슈를 먹엇다.

經過事

到過京城。［단궈징쳥］경셩 갓섯다.
做過買賣。［워궈매믜］쟝사ᄒᆞ엿다.

見過他一回。［쪤궈타이회］한 번 져를 맛낫섯다.
當過一回敎習。［당궈이회쟈ᄋᆔ］한 번 敎授 지닛섯다.

未來

咱們要回去。［싸밍［믄］얀회취］우리 도라가고ᄌᆞ홉니다.
他明天要走。［타밍톈얀쭤］져는 ᄅᆡ일 써나랴ᄒᆞ오.
今天要下兩〔雨〕［진톈얀쌰워］오날 비가 오겟다.
回頭可以晴。［회투커이칭］잇다가 개이겟다.
晚上可以得。［완쌍커이더］밤에는 되겟다.

未來推量

他快要來。［타쾌얀릭］져는 곳 오겟지.
他快要走。［타쾌얀쭤］져는 곳 가겟지.
風快住了。［휑쾌주라］바롬은 곳 긋치겟지.
火快滅了。［훠쾌몌라］불은 곳 ᄭᅥ지겟지.
快要下雨。［쾌얀쌰워］곳 비가 오겟지.

快要開車。[쾌야캐쳐] 곳 긔차가 써나겟지.
月亮快出來了。[웨량쾌츄리라] 달 이 곳 나오겟지.
時候兒快到了。[시휵얼쾌댜라] 시후①가 곳 니르겟지.

第二十二課 連語(天氣)

今兒天氣好。[진얼텐치환] 오날은 일긔가 죳소.
天氣怎麽樣? [텐치젼마양] 일긔가 웃더호오?
天氣没準兒。[텐치메쥰얼] 일긔가 고르지 못호오.
天氣很悶。[텐치흔먼] 일긔가 답답호오.
外頭颱風了。[왜투콰펑라] 밧게 바람이 부오.
我想怕下雨。[워썅파쌰위] 내 싱각에 비가 올 듯호오.
今兒早起打雷了。[진얼죠치따레라] 오날 아참에 텬동호엿소.②
外頭土大得很。[왜투투따더흔] 밧게 몬지가 딕단호오.

太陽冒嘴兒。[틔양돤[만]쮜얼] 히가 돗숩니다.
太陽平西了。[틔양펑시라] 히가 지옵니다.
月亮很好。[웨량흔환] 달이 미우 죳소.
没有一點兒雲彩。[메우이뎬얼윈옉] 구룸 한 졈 업소.
夜景比白天還好。[예징삐배텐해환] 밤 경치가 낫보담 죳소.
天氣漸漸兒暖起來。[텐치쟌쟌얼 놘치릭] 일긔가 졈졈 짜듯ᄒᆞ여 옵니다.
這兩天連陰着下雨。[져량텐렌인 져쌰위] 요식이 늘 비가 옵니다.

第二十三課 連語(時節)

你喜歡那季兒? [늬시환나지얼] 로형 어느 절긔를 조와호시오?
我喜歡春天和秋天。[워시환츈텐 히추텐] 나는 봄과 가을을 조와호오.

我最怕的是冬天。[워쮜파디싀둥텐] 나는 가장 두려운 것이 겨울이오.
夏天是天長。[쌰텐싀텐쟝] 여름은 히가 기오.

---

① 시후(時候): 時候. 때.
② 텬동(天動)호엿소: 打雷. 천둥이 쳤소.

冬天是天短。[둥텐싀텐돤] 겨울은 히가 쌀소.
快到春天了。[쾌돠춘텐라] 발셔 봄 되엿슴니다.
草木都發芽兒了。[얀무두얘야얼라] 쵸목이 다 싹이 텃슴니다.
今兒颳風, 花都謝了。[진얼좌엉화쮜쎼라] 오날 바름에 꼿이 다 쩌러젓소.
現在幾點鐘？[쎈직지뎐쥼] 지금 멧 시오닛가？
剛打了四點鐘。[깡짜라쓰뎐쥼] 겨우 넉 덤 첫슴니다.
一天是幾點鐘？[이텬싀지뎐쥼] 하로가 멧 시오닛가？
一天是二十四點鐘。[이텬싀얼싀쓰뎐쥼] 하로가 二十四時오.
你的表有幾點鐘了？[늬듸뱌우지뎐쥼라] 로형 시게는 멧 시 되엿소？
過了十點半鐘。[궈라싀뎐쌘쥼] 十時半 지낫슴니다.
過了晌午了麽？[궈라썅우라마] 午正이 지낫슴닛가？
是, 現在打了號炮了。[싀쎈직짜라핫퐈라] 네, 지금 오포①를 노앗슴니다.

第二十四課　連語(年賀)

新禧新禧。[신시신시] 새 히 감축 ᄒᆞ오이다.
同喜同喜。[퉁시퉁시] 피차 업소. 감축 ᄒᆞ오이다.
府上過年都好啊？[얀쌍궈녠두핫아] 딕에서는 환셰들 잘 ᄒᆞ셧슴니가？
托福都好。您府上也都好？[퉈얏두핫닌얀쌍예두핫] 네, 덕퇵으로 잘 ᄒᆞ엿슴니다. 딕에서도 다 잘 ᄒᆞ셧슴닛가？
托福托福。[퉈얏퉈얏] 덕퇵으로 고맙슴니다.
您還沒出去拜年麽？[닌해메츄취쎄녠마] 로형은 아즉 셰비 아니 다녀심닛가？
我一家兒還沒去哪, 打算過了初三再出去。[워이쟈얼히메취나짜 쏜궈라추쌘엇츄취] 나는 한 집 도 아즉 못 갓소. 쵸삼일 지나거든 나아가겟소.
怎麼樣？敬您一杯屠蘇酒罷。[전마양징닌이쎄쭈수쥬바] 웃뎟소？ 로형게 도소쥬 ᄒᆞᆫ 잔 드리겟소.
別費心了。若到一個地方兒喝一回

---

① 오포(午炮): 號炮. 낮 12시를 알리는 대포.

酒, 實在受不了, 喝茶就很好了. [쪠예웬라숴댜이거듸썅얼허이회쥭시여썩부라허차쥭흔하라] 고만두시오. 어듸를 가든지 술 한 번식 먹으니 참 못 밧겟소. 차나 마시면 미우 좃소.

那麼着, 現在已經到了吃飯的時候兒了, 請在這兒吃晌飯罷, 有現成的餃子. [나마져쎈여이징댜라칙앤듸의훨얼라칭여저얼츼썅앤바우쎈청얼듸쟈쯔] 그러ᄒ면 지금 겸심쩌가 되엿스니 여긔서 뎜심이나 잡숩시다. 맛참 한 썩국이 잇스니.

那好極了, 我就不客氣. [나ᄒ지라워쥭부커치] 미우 좃소. 샤양 아니 홈니다.

第二十五課 連語 (避暑)

你們的學堂打多咱歇伏? [늬든[믄]듸쒜당따둬잔쎼웍] 로형의 학교에셔는 은졔브터 夏期休暇가 되옴닛가?

打六月初四起. [따루웨추쓰치] 六月初四日브터올시다.

歇多少日子? [쎼둬샤ᄋ시쯔] 몃칠 휴가오닛가?

到八月初三, 整歇兩個月了. [단빠웨추싼졍쎼량거웨라] 팔월 초슴 일신지 쏙 두 달 휴가올시다.

您每年放學的時候兒出去避署〔暑〕去麼? [닌메녠꽝쒜듸의훨얼추취비슈취마] 로형은 미년 방학 동안에 피셔ᄒ러① 나가심닛가?

在京城住些日子, 避暑去些日子. [직징청주쎼시쯔비슈취셰시쯔] 반은 경셩에셔 지닉고 반은 피셔ᄒ러 나아감니다.

您每年到甚麼地方兒避署〔暑〕去呢? [닌메녠단선마듸썅얼비슈취늬] 로형 미년 어느 디방으로 피셔ᄒ러 가심닛가?

没有一定的地方兒, 每年想到邦〔那〕兒就到那兒去. [메우이띵듸듸썅얼메녠썅단나얼쥭단나얼취] 일졍ᄒ 디방은 업소. 미년 가고 십푼 곳이면 그리 가옴니다.

您是喜歡靠海的地方兒啊, 還是喜歡山裏頭呢? [닌의시환콰히듸듸썅얼아하이의시환싼리툭늬] 로형은 海岸이 좃슴닛가 山中이 좃슴닛가?

我是喜歡靠海的地方兒. [워의시환콰히듸듸썅얼] 나는 海岸이 좃소.

---
① 폐셔ᄒ러: 避暑. 피서하러.

您愛洗海水澡麽？［닌애시히쒜 짜마］로형 海水浴 조와ᄒᆞ심닛가？
在海邊兒的時候兒, 再没有比洗海水澡痛快的了。［쩌히볜얼듸씌 훠얼엇메위쎄시히쒜짜통쾌듸라］海岸에 잇슬 ᄯᅢ는 海水浴갓치 조흔 것은 다시 비홀 데 업소.
聽説温陽那兒有温泉。［팅쉬운양 나얼우운촨］드르니, 温陽에 温泉이 잇다구려.
是有, 那兒風景實在好極了。［씌우 나얼ᅋᅥᆼ징시지좋지라］네, 잇소. 거긔 風景은 참 조치오.
那麽, 今年那個地方兒, 我都去罷。［나머진녠나거듸ᅋᅡᆼ얼워두취바］그러ᄒᆞ면 今年 져 디방에 우리 다 갑시다.
很好, 咱們一塊兒走。［흔핳ᄯᅡ믄이 쾌얼쭤］미우 좃소. 우리 ᄒᆞᆫ가지①로 갑시다.

第二十六課　連語(出外)

聽説你出外去。［팅쉬늬츄왜취］드르니 로형 出他ᄒᆞ신다지오.
是, 這月底要起身。［씌저웨듸ᅣ치 쏜］네, 이달 금음에 가려 ᄒᆞ니다.
行李都齊截了没有？［싱리두치졔 라메위］힝샹은 다 정돈ᄒᆞ엿슴닛가？
大概裝好了。［따개쫭핳라］대강 정돈ᄒᆞ엿슴니다.
道路怎麽樣？［단루즘마양］길은 웃더ᄒᆞᆷ닛가？
到處郡〔都〕可以馬車通行。［단추 두커이마쳐퉁싱］모도 다 마챠가 통홀 만ᄒᆞ오.
你要走早〔旱〕路呢？［늬얀쩡한 루니］로형 륙디로 가시오？
是, 我想要坐火輪車。［씌워썅얀쭤 훠룬쳐］네, 나는 화챠② 타고 가려 ᄒᆞ오.
火輪車幾點鐘開呢？［훠룬쳐지 넨[덴]즁캐늬］화챠는 몃 시에 ᄯᅥ남닛가？
毎一點鐘就開。［메이덴즁쭈캐］ᄒᆞᆫ 뎜마다 ᄯᅥ남니다.
候車房在哪兒？［훠쳐ᅋᅡᆼ직나얼］待合室은 어듸 잇슴닛가？
候車房在西邊兒。［훠쳐ᅋᅡᆼ직시볜 얼］대합실은 셔쪽에 잇소.
這個火車頭叫甚麽？［져거훠쳐투

---

① ᄒᆞᆫ가지: 一塊兒. 함께.
② 화챠(火車): 火輪車. 기차.

좌슴마] 이 停車場 일홈은 무엇이오닛가?

這個車站就是開城。[저거처잔주의캐쳥] 이 뎡거장은 開城이오.

車票已經買了麼？[쳐퍈이징미라마] 차표는 발셔 삿슴닛가?

打發底下人已經買了。[따애듸쌰신이징미ㅡ라] 하인 시켜셔 발셔 삿슴니다.

幾天可以到麼？[지텬커이돠마] 몃칠이면 도달하겟슴닛가?

一天就可以到。[이텬쥬커이돠] 하로면 도달할 터이오.

第二十七課 連語(賞景)

現在早晚兒所凉起來了。[쎈지좌완얼쉬량치래라] 지금은 아침 져녁이 미우 션션하오이다.

不錯, 正是秋天的好時候兒。[부취졍스츄텬듸한시휘얼] 그럿소. 완구히 가을 죠흔 시후올시다.

每到了秋天, 心裏爽快, 我就想旅行去。[메돠라츄텬신리쌍쾌워쥬썅뤼싱취] 미양 가을이 되면 心裏가 爽快하야 나는 旅行하고 십소.

您上金剛山去過麼？[넌썅진깡싼취궈마] 로형 금강산 가 보앗소?

是, 去過幾趟。您也打算到金剛山去一趟麼？[스취궈지탕넌예쌰쏸돠진깡싼취이탕마] 네, 몃 번 갓셧지오. 로형도 金剛山에 한 번 가실 터이오닛가?

是, 一向所沒有上金剛去的機會。今年總想着得去一趟。[스이썅쉐메유썅진깡취듸지회진녠줌썅져데취이탕] 네, 지금신지 金剛에 갈 긔회가 업셧는 고로 今年은 엇지든지 한 번 가려고 싱각하오.

那好極了, 您現在去正是看楓葉的時候兒。[나핟지라넌쎈지취졍스칸펑예듸시휘얼] 그것은 미우 죳소. 로형 지금 가시면 맛춤 단풍 볼 쩍올시다.

上金剛山的人大概都到楡站[岾]寺。楡站[岾]寺離京城有幾里地呢？[썅진깡싼듸신따개두돠위잔쓰위뎬쓰리징쳥유지리듸늬] 金刪[剛]山 가는 사름이 되개 모다 유뎜사에 니르니, 유뎜사는 경셩셔 몃 리나, 됨닛가?

有五百里多。[유우비리둬] 五百餘 里나 됨니다.

那條山路很難走麼？[나탸싼루흔난쬬마] 져 산길은 미우 험쥰하지오?

山路不算難走。[싼루부쏸난쬬] 산

길은 과이 험쥰치 안소.
一路上的風景怎麽樣? [이루쌍듸 징지듸즘마양] 途中의 경치는 엇더ᄒᆞ오닛가?
風景實在是好, 山上的樹木山石的樣子很有趣兒, 還可以看萬瀑洞裏瀑布, 并且現在去, 山上的楓葉都紅了, 非常的好看. [펭징시지왜환싼쌍듸수무싼시듸양쯔흔

위춰얼 히커이칸완쌴둥리쌴부 쎙체셴얼취싼쌍듸엉예두훙라예챵듸환칸] 경치는 미우 좃소. 山上의 樹木과 山石의 모양이 미우 취미가 잇고 또 萬瀑洞의 폭포가 볼 만ᄒᆞ고 그 우에 요시이 간 즉 산상의 단풍이 다 붉어서 보기 미우 좃슴니다.

第二十八課 連語(天長節)

今兒外頭家家門口兒都挂旗子哪. [진얼왜투쟈쟈먼커얼두꽈치쯔나] 오날에는 집마다 국긔를 다 렷구〈려〉.
不錯, 今兒是十一月初三, 是天長節. [부춰진얼싀이웨추싼싀텐챵졔] 그럿소. 오날은 十一月 初三日인듸 天長節이올시다.
天長節是甚麽節呢? [텐챵졔싀슴마졔니] 텬쟝졀은 무슨 츅일이오닛가?
就是貴國的萬壽節, 是皇上的壽誕日. [쥬싀꿰궈듸완쎠졔, 싀황쌍듸쎠단싀] 貴國으로는 萬壽節인듸 天皇陛下의 誕生日이올시다.
是的, 日本的皇帝今年高壽了? [싀듸싀쩐듸황듸진녠까쎠라] 그럿소. 日本皇帝陛下는 今年에 春秋가 얼마시오?
今年六十歲了. [진녠루시쒜라] 今

年에 六十歲시오.
聽説是天聰最高. [팅쒀싀텐충쥐싸] 드르니 天聰이 미우 놉흐시다지오.
不錯, 很有天聰, 并且很知道下民的事情, 左右的官都敬畏他. [부춰흔우텐충빙쳔흔지단쌰민듸쓰칭쒀우듸관쮜징웨타] 그럿소. 미우 총명ᄒᆞ시고 또 下民의 사정을 잘 살피사 左右의 臣子가 다 敬畏ᄒᆞᆷ니다.
是的, 今兒是實在可賀的日子, 街上有甚麽熱閙没有? [싀듸진얼싀씌시커허듸싀쯔졔쌍위슴마러 메위] 그럿슴닛가? 오날은 춤 경사로은 놀이오. 街上에 무슨 번화ᄒᆞᆷ이 잇슴닛가?
每年今兒早起有練操, 皇上到青山練場, 親閲軍隊哪. [메녠진얼쟈치우롄쌰황쌍단칭쌴텐[롄] 쟝친

웨쥔돼나] 每年 오늘 아츰은 觀兵式이 잇셔 陛下께셔는 靑山練兵場에 나아가셔셔 軍隊를 御覽ᄒ심니다.

第二十九課　連語(歲末)

快到年底了。[쾌도녠듸랴] 발셔 歲末이 되엿슴니다.

不錯, 又過了一年了。[부춰우궈랴이녠랴] 그럿소. 또 一年 지낫슴니다.

日子過的很快。[싀쯔궈듸흔쾌] 日子 지나는 것은 미우 속ᄒ구려.

實在是的, 一晃兒就是一年。[시지의듸이항얼쥬의이녠] 참 그럿소. 잠간 스이에 일 년이 지낫소.

年年兒甚麽事也没做就過去了, 很可惜。[녠녠얼슴마쓰예메쭤쥬궈취랴흔커시] 히마다 아무 일도 못ᄒ고 지니니 미우 가셕ᄒ오.

那兒的話呢! 今年您的中國話很有進益的了。[나얼듸화니진녠넌듸즁궈화흔위진이듸랴] 그러치 안소. 今年에 로형의 支那語는 미우 진보ᄒ셧겟지오.

過獎過獎。[궈쟝궈쟝] 너무 쟈랑ᄒ심니다.

這兒的年底下和貴國的年底下差多了罷? [저얼듸녠듸쌰히궤궈듸녠듸쌰차둬랴바] 이곳 歲末과 귀국 歲末과는 미우 다르지오.

大概的樣子不差甚麽了。[따개듸양쯔부차슴마랴] 디체는 갓슴니다.

學堂也放學麽? [쒸탕예빵쒸마] 학교에도 방학ᄒ닛가?

那是自然的, 學堂是打臘月二十前後起放學。[나스쯔산듸쒸탕의쟈라웨얼의쳰훠치빵쒸] 그것은 自然이오. 學校는 十二月二十日 前後면 방학ᄒ니다.

年底送禮的事情有没有? [녠듸쑹리듸의칭위메위] 셰말에 셔찬ᄒ는 일이 잇슴닛가?

有, 送的是猪羊鷄鴨甚麽的。[위쑹듸의주양지야슴마듸] 잇소. 셰찬은 猪, 羊, 鷄, 鴨 等으로 ᄒ니다.

三十兒的光景怎麽樣? [싼의얼듸광징즘마양] 除夕의 光景은 웃더ᄒ닛가?

那天是不論買賣家和往〔住〕家兒的都是很忙, 夜裏都不睡覺, 到十二點鐘有迎神辭歲的事情。[나텐의부룬미미쟈히주쟈얼듸두의흔망예리두부쉐쟈오단의얼뎬즁위잉신쯔쉐듸의칭] 그놀은 쟝ᄉ집이나 예사집이나 물론ᄒ고 모도 미우 밧부오. 밤에도 자지 안소. 그리ᄒ고 十二時가 되면 神을 迎ᄒ야 歲를 辭ᄒ는 일이 잇소.

第三十課　連語(訪問)

今日我們兩人是專誠來拜望閣下。[진얼[싀]워믄량신의촨성래빙왕쌰쌰] 오늘 우리 두 사람이 젼위ᄒ야① 각하 뵈오러 왓슴니다.

勞二位的駕, 請坐請坐。[롸얼워[위]디쟈칭줘칭줘] 두 분 슈고ᄒ셧[셧]슴니다. 안즈시오.

你們二位怎麼稱呼？[늬믄얼위즘마칭후] 로형 두 분은 뉘시오닛가?

我姓田, 他姓車。[워싱텬타싱쳐] 내 셩은 뎐가오, 졔 셩은 챠가오.

是, 幾時到的此處？[싀지[지]의닶듸츠추] 그럿소. 은제 여긔 오셧소?

我們是昨天到的。[워믄싀줘텬닶듸] 우리는 어졔 왓슴니다.

住在那兒了？[주지나얼라] 어듸셔 유슉ᄒ시오?

往[住]在這東關泰豐店裏頭了。[주지져둥관태풍뎬[뎬]리투라] 東關泰豐店 안에셔 유슉ᄒᆷ니다.

閣下在敝國有幾年了？[쌰쌰지셰궈위지녠라] 각하는 우리나라에 계신 지 몟 히오?

我在貴國有五年了。[워지쒜궈위우녠라] 나는 귀국에 잇슨 지 五年이오.

這位在敝國有幾年了？[져위지셰궈위지녠라] 져분은 우리나라에 게신 지 몟 히오?

他來了不過纔半年。[타래라부궈치쌘녠] 져 온 지는 불과 반년이오.

他通曉敝國的語言麼？[타퉁쌰오셰궈듸위옌마] 져는 우리나라 말은 아심닛가?

他不通曉, 還沒學話哪。[타분[부]퉁쌰오히메쑈화나] 져는 모르오. 아즉 말을 아니 비웟소.

你們二位是到此處游歷來了, 還是有公事呢？[늬믄얼위의닶츠추위리래라히위궁싀니] 로형 두 분이 여긔 오심은 游歷으로 오셧소 무슨 公事가 잇셔 오셧소?

没有公事, 不過到此來游歷。[메위궁싀부궈닶츠래유리] 공ᄉ는 업슴니다. 여긔 오기는 불과 游歷이올시다.

第三十一課　名詞(天文)

天 [톈] ᄒ놀

電 [뎬] 번개

---

① 젼위(專爲)ᄒ야: 專誠. 오직 한 가지 일을 위하여.

虹 [짱[훙]] 무지개　　雲彩 [윈치] 구름
風 [펑] 바람　　　　天氣 [텐치] 일긔
雨 [위] 비　　　　　風圈 [펑쵠] 달무리
霧 [우] 안개　　　　霜 [쐉] 셔리
露水 [루쉐] 이슬　　星星 [싱싱] 별
雹子 [반쯔] 우박　　月亮 [웨량] 달
雷 [레] 우뢰　　　　太陽 [태양] 태양

第三十二課　名詞(地文)

地 [디] 따　　　　　大洋 [따양] 듸양
海 [해] 바다　　　　草地 [챠디] 초디
嶺 [링] 고개　　　　河 [허] 내
岸上 [안쌍] 언덕　　溫泉 [운쵄] 온천
山 [싼] 산　　　　　海潮 [희쟌] 됴슈
火山 [훠싼] 화산　　波浪 [버랑] 물결
平原 [핑웬] 평원　　池子 [치쯔] 연못
沙漠 [싸머] 사막　　海島 [희닫] 셤
水田 [쉐텐] 논　　　瀑布 [쌘부] 폭포
湖 [후] 호슈　　　　大道 [따닫] 큰길
冰 [삥] 어름　　　　石頭 [시퉈] 돌
泉 [쵠] 싀암　　　　沙灘 [싸탄] 여울

第三十三課　名詞(各種)

身體 [신틔] 신톄　　肚 [두] 빅
眼睛 [얜징] 안청　　指頭 [즤퉈] 손가락
頭髮 [퉈얘] 두발　　臉 [롄] 쌤
耳朵 [얼둬] 귀　　　嘴 [줴] 입
牙 [야] 어금니　　　肚子 [두쯔] 빅
腰 [야] 허리　　　　腦子 [낟쯔] 뇌
手 [셛] 손　　　　　手掌 [셛장] 손바당

拳頭 [촨투] 주먹
手甲 [쎠쟈] 손톱
鬍子 [후쯔] 슈염
脊梁 [지량] 쳑량
嗓子 [썅쯔] 목
眉毛 [메마] 눈셥
喉嚨 [훠룽] 목구멍
胃 [웨] 위
肺 [페] 폐
腎 [신] 신
腿 [퉤] 퇴
血 [쎼] 피
脚 [쨔] 다리
肝 [간] 간
腸 [창] 창ᄌ
肘子 [쥬쯔] 팔
穀道 [구답] 공문이
脂膏 [지깟] 기름
瘊子 [훠쯔] 사마귀
骨頭 [구투] 쎠
帽子 [맢쯔] 사모
衣裳 [이썅] 의상
褲子 [쿠쯔] 바지
汗衫 [한소] 한슴
手套 [쎠탇] 쟝갑
袖子 [슈쯔] 소믹
綢子 [쳐쯔] 주
綾子 [링쯔] 릉
緞子 [똰쯔] 단
肚帶 [두대] 빗씌
領子 [링쯔] 깃

綿花 [멘화] 면화
孝服 [쌷얙] 샹복
桌子 [줘쯔] 탁ᄌ
椅子 [이쯔] 교의
手巾 [쎠진] 슈건
鑰匙 [얖칙] 열쇠
胰子 [이쯔] 비루
匣子 [쌰쯔] 갑
柴火 [치훠] 쟝작
熨斗 [원뒤] 다리미
煤 [메] 石炭
俵〔表〕[뱦] 셤 [시계]
油燈 [위덩] 유등
水缸 [쉐깡] 물항아리
席子 [시쯔] 자리
凳子 [떵쯔] 등상
枕頭 [쩐투] 벼기
扇子 [싼쯔] 붓치
旱烟 [한옌] 담비
雨傘 [위싼] 우산
酒瓶 [쥬핑] 술병
鋤子 [추쯔] 호믹
針 [쩐] 침
釘子 [쩡쯔] 못
刨子 [팦쯔] 디픽
繩子 [썽쯔] 노
木桶 [무퉁] 퉁
斧子 [왞쯔] 독긔
鍬子 [추쯔] 광이
木板 [무반] 목판
鑷子 [네쯔] 족지게

碓子 [쮀쓰] 졀구
杵子 [쥬쓰] 공이
菜刀 [채댜] 치도
篩子 [새쓰] 체
鉸剪 [쟈젼] 가위
盤子 [판쓰] 소반
碟子 [데쓰] 딕졉
匙子 [츼쓰] 숫갈
筷子 [쾌쓰] 져
刀子 [댠쓰] 칼
瓶 [핑] 병
茶碗 [차완] 차완
飯桶 [앤퉁] 밥통
醬缸 [쟝깡] 쟝항아리
海碗 [해완] 딕졉
酒杯 [쥬베] 술잔
茶壺 [차후] 차병
紙 [즈] 조희
筆 [볘] 붓
書 [슈] 칙
墨 [머] 먹
硯台 [옌틱] 벼루
石板 [시반] 셕판
鉛筆 [쳰볘] 연필
信紙 [신쓰] 편지지
老虎 [랴후] 호랑이
豹子 [뱌쓰] 표범
狗熊 [꺼슝] 곰
駱駝 [뤄튀] 약딕
象 [샹] 코기리
猫 [먀] 고양이

牛 [뷰] 소
鳥 [냐] 식
魚 [위] 싱션
虫 [츙] 버레
羊 [양] 양
鳳凰 [웡황] 봉황
鴿子 [꺼쓰] 비둙이
耗子 [햔쓰] 쥐
仙鶴 [쏀허] 학
公鷄 [꿍지] 슈돍
雁 [앤] 기럭이
獅子 [쓰쓰] 사지
老鵰 [랸쫘] 솔기
燕子 [옌쓰] 졔비
野鷄 [예지] 꿩
馬 [마] 말
猪 [쥬] 도야지
孔雀 [쿵챠] 공작
鴨子 [야쓰] 오리
鷹 [잉] 미
狐狸 [후리] 호리
鹿 [루] 스슴
老鵰 [랸쬬] 황식
鯽魚 [지위] 부어
蛤蠣 [하리] 굴
鮑魚 [쌰위] 전복
蠶虫 [잔츙] 누에
蜜蜂 [미웡] 벌
喜鵲 [시챠] 신치
蟒 [망] 대망
墨魚 [머위] 오증어

蜘蛛 [지쥬] 거미
蒼蠅 [챵잉] 파리
蚊子 [운쯔] 모긔
蝴蝶兒 [후데얼] 나뷔
鯨魚 [쟝위] 고릭
沙魚 [사위] 사어
虱子 [시쯔] 이
火鷄 [훠지] 칠면조
螞蟻 [마이] 기암이
蚯蟮 [취싼] 지룡이
蠹魚子 [두위쯔] 좀
王八 [왕쌔] 거북
長蟲 [챵츙] 빅암
臭蟲 [쳐츙] 빈딕
蜈蚣 [우궁] 진에
蝎子 [세쯔] 빈딕
樹木 [슈무] 나무
草 [챠] 풀
杏兒 [싱얼] 살구
梨 [리] 빅
柿子 [시쯔] 감
橘子 [쥐쯔] 귤
石榴 [시루] 셕류
櫻桃 [잉탸] 잉도
枇杷 [피바] 비파
栗子 [리쯔] 밤
核桃 [허탸] 호도
棗兒 [쟈얼] 딕초
梅子 [메쯔] 미화
松樹 [쑹쓔] 솔
竹 [쥬] 딕

李子 [리쯔] 오얏
玖[玫]瑰 [메궤] 쟝미
牧[牡]丹 [무단] 목단
水仙 [쉐쎈] 슈션
菊花 [쥐화] 국환
藕花 [쉬화] 연
海棠 [해탕] 히당
蘭花 [난화] 난초
百合 [배허] 빅합
佛手 [뽀쒸] 불슈
柚子 [위쯔] 유ᄌ
葱 [층] 파
芹菜 [친 치] 미나리
芋頭 [위 투] 토란
黃瓜 [황과] 외
皇上 [황썅] 황상
甜瓜 [텬과] 참외
蒜頭 [쏸 퉈] 마늘
洋葱 [양층] 양파
白薯 [비슈] 감ᄌ
金 [진] 금
銀 [인] 은
銅 [퉁] 구리
鐵 [테] 쇠
祖宗 [쭈쫑] 조상
鋼 [깡] 강쳘
鉛 [옌[첸]] 납
珠子 [쥬쯔] 구슬
水銀 [쉐인] 수은
雲石 [윈 시] 운셕
岩石 [앤시] 바위

瑪瑙 [마놔] 마노
炮 [퐌] 듸포
兒子 [얼쯔] 아들
槍 [창] 총
炮船 [퐌촨] 포션
彈子 [탄쯔] 탄즈
山炮 [싼퐌] 산포
喇叭 [라쌔] 라발
箭 [쟨] 살
地雷 [듸레] 듸뢰
東家 [둥쟈] 쥬인
妹妹 [메메] 뉘의 동싱
皇后 [황허] 황후
太子 [태쯔] 틱즈
太子妃 [태쯔뻬]틱즈비
王爺 [왕예] 왕
父母 [얙무] 부모
丈夫 [장얖] 장부

爺爺 [예예] 아비
奶奶 [내내] 어미
父親 [얙친] 부친
母親 [무친] 모친
公公 [궁궁] 장인
夫人 [얙신] 부인
兄弟 [쓩듸] 동싱
弟兄 [듸쓩] 형제
哥哥 [쩌쩌] 형
姐姐 [졔졔] 져져
男子 [난쯔] 남즈
朋友 [펑위] 친구
叔叔 [수수] 아자비
姑姑 [꾸꾸] 빅모
侄兒 [지얼] 족하
女婿 [뉘쉬] 사위
婦女 [얙뉘] 부녀
賤內 [쟨네] 안히

第三十四課 短語

不像個樣。[부썅거양] 갓지 안소.
不好着相。[부핫져샹] 보기 실소.
爽快得很。[쌍쾌더흔] 미우 샹쾌 ᄒ오.
心腸不妙。[신창부먖] 마음이 고약ᄒ다.
不要着惱。[부얏져놔] 염녀ᄒ올 것 업소.
打掃乾净。[짜쌋쌴징] 씨긋ᄒ게 쓰오.
没有臉面。[메위롄몐] 자미업소.

誰教你? [쉬쟈늬] 누가 로형을 가라쳣소?
往那兒? [왕나얼] 어듸 가오?
不得閑。[부더쎈] 틈이 업소.
不在家。[부지쟈] 집에 잇지 안소.
不耐煩。[부내쨴] 견될 슈 업소.
滿口湖〔胡〕説。[만쿼후쉐] 거즛 말ᄒ오.
和你無干。[히늬우간] 로형게 간섭 업소.
説得有理。[쉬더위리] 유리흔 말

습이오.
不要喧鬧。[부야쒠난] 써들지 마시오.
不必惹他。[부쎄서타] 져를 방히 마시오.
不曾吃。[부징치] 아즉 안 먹엇소.
剛纔吃。[깡치치] 지금 먹엇소.
喝不得。[허부더] 먹을 슈 업소.
肚裏餓。[두리어] 비곱흐다.
用不够。[융부꺼] 부족ᄒᆞ다.

第三十五課　形容詞

高高的 [까까듸] 놉흔 것
長長的 [창창듸] 긴 것
厚厚的 [훅훅듸] 두터운 것
好好的 [화화듸] 조흔 것
辣辣〔辣辣〕的 [라라듸] 미운 것
淡淡的 [단단듸] 싱거운 것
甜甜的 [텐텐듸] 단 것
澀澀的 [써써듸] 쩗은 것
大大的 [짜짜듸] 큰 것

小小的 [쌰쌰듸] 적은 것
稀稀的 [시시듸] 드문 것
瘦瘦的 [쎡쎡듸] 파리ᄒᆞᆫ 것
軟軟的 [쉰쉰듸] 연ᄒᆞᆫ 것
鹹鹹的 [쏀쏀듸] 쩬 것
苦苦的 [쿠쿠듸] 쓴 것
香香的 [샹샹듸] 향늬 나는 것
乾乾的 [깐깐듸] 마른 것
臭臭的 [쳑쳑듸] 닙ᄉᆡ 나난 것

第三十六課　連語(歇工)

今兒是幾兒了？[진얼씌지얼라] 오늘은 몃칠이오？
今兒個是三月初十。[진얼거씌싼웨추시] 오늘은 삼 월 초십 일이오.
明天是禮拜。[밍텐씌릐빅] 릭일은 공일이오.
是明兒一天歇工了。[씌밍얼이텐쎼쏭라] 녜, 릭일 ᄒᆞ로는 놀겟소.
禮拜日做何消遣？[릐빅시쥐허쌰쳰] 공일늘은 무엇을 ᄒᆞ시오？
沒甚麼事，大概逛逛去。[메선마쒀따개꽝꽝춰] ᄒᆞ는 것 업소. 딕개 구경가오.
你多咱有工夫兒？[늬둬잔위꿍얼] 은제 시간이 잇소？
你願意去，咱們就去。[늬웬이춰자믄쥬춰] 로형이 가시려면 우리 곳 갑시다.
咱們上那兒逛〔逛〕去呢？[자믄쌍나얼꽝춰니] 우리 어듸로 구경 가려오？
我那地方兒都可以。[워나듸ᄋᆡᆼ얼두커이] 어듸든지 다 좃소.

第三十七課 連語(衣服)

你的成衣鋪在那兒? [늬듸쳥이푸지나얼] 로형 衣服店이 어듸 잇소?

在這胡同兒路南了. [지져후퉁얼루난라] 이 골목길 남쪽에 잇소.

我要做一套〔套〕衣裳. [워야쮜이탄이썅] 내가 옷 훈 벌 지으려 호오.

那麽量一量尺寸. [나마량이량최츤] 그러면 견양①을 닙시다.

給我看看尺寸單子. [쎄워칸칸최춘단쯔] 쳑슈 표본을 좀 뵈시오.

你按着這個單子衣〔做〕罷. [늬안져져거단쯔줘바] 이 표본을 보아서 만드시오.

這褂子太短了. [져과쯔태돤라] 이 져구리는 너무 쨜소.

這是時興的. [져싁시싱듸] 이것은 시쳬 것이오.

這個衣裳不合式. [져거이썅부허시] 이 옷은 젹당치 안소.

是, 袖子太長了. [싁슈쯔태챵라] 녜, 소믹가 너무 기럿소.

第三十八課 連語(飲食)

天不早了, 你快起來罷. [텬부쟈라늬쾌치래바] 늣졋소. 얼는 이러나시오.

火爐子攔好了麽? [훠루쯔쩌하라마] 난로를 잘 노앗소.[노앗슴닛가?]

打洗臉水來罷. [따시롄쉬래바] 셰슈물 떠 오시오.

臉水打來了. [롄쉬따래라] 셰슈물 써 왓슴니다.

把擦臉手巾拿來. [빠차롄셔진나릐] 셰슈 슈건 가져오시오.

刀子、匙子在那兒? [단쯔츼쯔지나얼] 칼과 슈져는 어듸 잇소?

都在水桶裏了. [두지쉬퉁리라] 모다 슈퉁② 안에 잇슴니다.

酒菜都擺好了麽? [죡칙두빼하라마] 酒, 菜를 다 쥰비ᄒ엿슴닛가?

都預備好了. [두위베하라] 다 잘 쥰비ᄒ엿슴니다.

芥末和白鹽遞給我. [졔머히비옌틔쎄워] 겨즈와 소곰을 좀 갓다 쥬시오.

啊, 我忘了拿了. [아워왕라나라]

---

① 견양: 尺寸. 치수.
② 슈퉁(水桶): 水桶. 물통.

아, 내가 가져올 것을 이젓슴니다.

第三十九課 連語(續)

沏茶來罷。[치차릭바] 차 담어 오시오.
這酒很冷, 快燙酒來。[져쥬흔렁쾌탕쥐릭] 이 술이 미우 차니 얼는 쓰려 오시오.
給我菜單子拿來。[쎄워치단쯔나릭] 됴리 발긔①를 나에게 갓다 쥬시오.
這是甚麽湯? [져씌슴마탕] 이것은 무슨 탕이오?
這是猪肉做的湯。[져씌쥐쉬쥐디탕] 이것은 도야지고기②로 만든 탕이오.
這肉不新鮮, 換來罷。[져쉭부신셴환릭바] 이 고기가 신션치 못ᄒ니 밧구어 오시오.
這是今兒新宰的。[져씌진얼신지듸] 이것은 오늘 식로 잡은 것이오.
再用點兒湯麽? [지융뎐얼탕마] 국 좀 더 잡슈시려 ᄒ시오?
已經吃飽了。[이징치바라] 잔득 먹엇슴니다.
吃完了, 都拿下去。[치완랴두나쌰취] 다 먹엇소. 모도 가져가시오③.
開水倒來了, 請擦一擦。[캐쉬단래랴칭차이차] 물 가져왓소. 씨스시오.

第四十課 連語(客店)

那邊有好客店没有? [나볜유한커뎬메유] 져긔 죠흔 긱뎜이 잇슴닛가?
有好幾家。[유환지쟈] 조흔 집 멧 잇슴니다.
頂大的客棧叫甚麽? [띵따듸커잔쟈슴마] 썩 큰 긱뎜은 무엇이라 부르오?
叫第一樓。[쟈듸이뤄] 데일루라 부르오.
這客棧房子也大, 院子也不少[小]。[져커잔빵쯔예쟈웬쯔예부쌰오] 이 긱뎜은 방도 크고 집도 젹지 안소.
鋪蓋等類都有麽? [푸깨덩뤼두유마] 이부자리가 다 잇슴닛가?

---

① 발긔: 單子. 물명을 적어 놓은 글.
② 도야지고기: 猪肉. 돼지고기.
③ 양추ᄒ시오: 擦. 양치하시오.

乾净的鋪盖頭預備了。[깐징듸푸깨투워베라] 깨끗흔 이부자리가 잇슴니다.
店裏有澡堂没有？[뎐리워짜오탕메위] 뎜 속에 목욕탕이 잇슴닛가？
有, 在樓下院子左邊兒。[위지루쌰

웬쯔줘볜얼] 잇소. 루 아릭 좌편에 잇슴니다.
一宿多少價錢？[이쒸뒤쌰쟈쳰] 흐로 유숙흐는데 갑이 얼마오？
一宿頭等三塊洋錢。[이쒸투덩싼쾌양쳰] 흐로 유숙흐는데 상등에 삼 원이오.

第四十一課　連語(官訪)

大人這一向好？[따신져이썅화] 딕인 요사이 웃더시오닛가？
托福托福, 閣下一向可好？[퉈위퉈위쩌쌰이썅커화] 덕퇵이올시다. 각하도 일향 좃슴닛가？
承問承問。[청운청운] 무르시니 감사흐오이다.
閣下請坐。[쩌쌰칭줘] 각하 안즈시오.
大人請坐。[따신칭줘] 딕인 안즈시오.
閣下, 這一向公事忙不忙？[쩌쌰져이썅궁스망부망] 각하는 요사이 공스나 밧부지 안슴닛가？
公事倒不甚多。[궁스도부슨둬] 공사는 과이 만치 안슴니다.

閣下今日到此有何公事有諭？[쩌쌰진얼돠츠위허궁스위위] 각하 오늘 여긔 오셧스니 무슨 공사 말슴흘 것이 잇슴닛가？
没有公事。[메위궁스] 공사 업슴니다.
我今兒來, 一來是回拜大人, 二來是給大人謝步。[워진얼릭이릭스회배따신얼릭스께다신쎄부] 내 오늘 오기는 첫직는 딕인게 회빅흐고 둘직는 딕인게 치사흐려 왓소.
豈敢, 閣下實在是多禮。[치깐쩌쌰스싀지[지스]둬릭] 쳔만의 말슴이오. 각하는 춤 례가 과흐오이다.

第四十二課　連語(問病)

貴恙怎麼了？[꿰양즘마라] 병환이 좀 웃더흐시오？
托您的福都好了。[퉈닌듸워두화

라] 덕퇵으로 낫슴니다.
他有甚麽病？[타위슴마빙] 져는 무슨 병이 잇소？

他覺得喉嚨病。[타쟌더훠룽빙] 져는 목구녕병이 드럿소.
現在全癒了麽? [쎈지챤위라마] 지금 다 낫슴닛가?
没有全癒。[메위□〈챤〉위] 다 낫지 못ᄒᆞ엿소.
聽説他的病治好了。[팅쉬듸빙쯰화라] 드르니 져의 병이 낫다 ᄒᆞ오.

我不舒服了。[워부슈왁라] 나는 좀 편치 못ᄒᆞ오.
你上病院去請大夫瞧瞧罷。[늬썅빙웬취칭따우챠챠바] 병원에 가셔 의원에게 뵈시오.
我的牙疼的利害。[워듸야텅듸리ᄒᆡ] 나는 치통으로 못 견듸겟소.
請牙大夫瞧瞧。[칭야씌왁챠챠] 치의에게 뵈시오.

第四十三課　連語(訪友)

借光您納, 這店裏住着的有一位張老爺麽? [져광닌나져뎬리주져듸위이위쟝랖예마] 좀 엿쥬어 보겟소. 이 쥬막 안에 게신 쟝 셔방 ᄒᆞᆫ 분이 잇슴닛가?
這店裏住着有兩個張老爺了, 您問的是那一位呀? [져뎬리주저위량거쟝랖예라닌운듸쐬나이위야] 此店内에 張 셔방 두 분이 잇스니 로형 누구를 무르시오?
我問的是起廣東來的那位張老爺。[워운듸쐬치광둥릭듸나위쟝랖예] 나 뭇기는 廣東셔 오신 쟝 셔방이오.
您寶號在那兒啊? [닌바호자나얼아] 로형의 商店은 어듸오닛가?
我是在城裏頭光明屋果子鋪裏。[워쐬지청리투광밍우쒀쯔푸리] 나는 城内光明屋菓子鋪에 잇소.
那麽跟我進來吧。[나마신워진릭바] 그러면 나 ᄶᆞ러셔 오시오.
張老爺在屋裏了麽? 有人找您哪。[쟝랖예지우리라마위신죠닌나] 쟝 셔방 방에 게시오닛가? 누가 차져왓슴니다.
是那一位? [쐬나이위] 누구시오?
是我呀您納。[쐬워야닌나] 네, 나 올시다.
王掌櫃的, 您請屋裏坐罷。[왕쟝궤듸닌칭우리쥐바] 왕 셔방이시오, 방으로 드러오시오.
您這是解鋪子裏來麽? [닌져쐬졔푸쯔리릭마] 로형 젼으로셔⁽¹⁾ 오심닛가?

---
① -으로셔: 解. -으로부터.

是解鋪子裏來了。[얼제푸쓰리릭라] 녜, 젼으로셔 옴이다.
您請喝茶罷。[닌칭허챠바] 로형 차 잡수시오.
您喝罷。[닌허바] 로형 잡슈시요.

第四十四課　連語(行商)

兄台, 你是多咱回來的？[씅태늬 늬둬잔회릭듸] 로형 은제 도라오셧소？

我是上月十五回來的。[워얼쌍웨시우회릭듸] 나는 지난달 보름케 도라왓소.

去了有多少日子？[취라위둬쌰ᄉᆡ쯔] 가셔 몟칠 계셧슴닛가？

去了整兩月。[취라졍랴웨] 간 지 쏙 두 달이오.

辦了來的都是甚麼貨呀？[빤라릭듸두얼슴아[마]훠야] 가져오신 것은 다 무슨 물건이오？

辦了來的是紙張。[빤라릭듸얼지쟝] 가져온 것은 죠희①오.

貨都賣去了麼？[훠두미취라마] 물건은 다 파럿슴닛가？

是都賣去了。[얼두미취라] 녜, 다 파럿소.

這回辦來的貨得意罷？[저회빤릭듸훠더이바] 이번 가져오신 물건은 리가 남엇슴닛가？

可以的, 賺了有三四百多兩銀子。[커이듸쫜라우싼쓰빅둬량인쯔] 조앗소. 三百兩이나 너무 리를 남겻슴니다.

好呀, 這足見是你的眼力高很。[하야져주젠얼늬듸앤리까흔] 감축호오. 족히 로형의 眼力이 미우 놉흐심을 보겟소.

甚麼眼力高啊, 不過是趕上好行市就是了。[선마 앤리까아부궈슫싼썅핟핳시쥬슫라] 무슨 안력②이 놉흐요. 불과시③ 조흔 시셰 만나셔 그럿치요.

第四十五課　連語(續)

您這今年不出外了麼？[닌져진녠부츄왜라마] 로형 금년은 더 밧게 아니 나아가시겟소？

上秋還得出外一趟。[썅츄해데츄

---

① 죠희: 紙張. 종이.
② 안력(眼力): 眼力. 안목.
③ 불과시(不過是): 不過是. 단지.

왜이탕] 이 가을에 또 혼 번 밧게 나아가겟소.

還上甚麼地方去呀？［히쌍선마디앵춰야］또 어느 지방으로 가시려 ᄒ오？

還得出一趟口。［히데츄이탕쾨］長城外로 가여겟소.

出口去是打算辦甚麼貨呀？［츄쾨취ᄉᆞ따쫜쌘선마휘야］長城外로 가시면 무슨 물건을 가지고 가시려오？

出口是辦皮貨去。［츄쾨ᄉᆞ쌘피휘취］長城外에 감은 皮貨 가지고 가오.

今年皮貨的行市怎麼樣？［진녠피휘듸항시즘마양］今年 피화①의 시셰는 웃더ᄒ오？

皮貨的行市大概總是有長〔漲〕無落罷。［피휘듸항시다개즁싀우챵우란바］피화의 시셰는 아무리 ᄒ여도 올나갓지 셔러 지지 안치오.

你又開了紙鋪了麼？［늬우캐랴지푸라마］로형 또 지젼② 닛셧지오？

我現在不開鋪子了。［워쎈ᄌᆡ부캐푸ᄍᆞ라］나는 지금 뎐은 닛지 아니ᄒ엿소.

第四十六課　連語（通刺）

你們東家在行裏了麼？［늬믄퉁[둥]쟈지항리라마］로형 主人은 店內에 게심닛가？

在樓上寫字哪。［지루쌍쎼쯔나］樓上에셔 글씨 쓰심니다.

你去告訴你們東家說, 我要見他有說話〔話說〕。［늬춰꼬수늬믄둥쟈숴워야졘타우화숴］로형 가셔 로형의 主人 보고 내가 와셔 보고 홀 말솜 잇다고 엿주시오.

您怎麼稱呼啊？［닌즘마칭후아］로형 누구시오닛가？

你把我這個名片拿上去給他瞧瞧, 他就知道了。［늬빠워저거밍펜라쌍춰게타챠챠타젹지다라］이 명홈 갓다가 드리면 아심니다.

東家, 來了一個中國人, 要見您有話說, 請您看着〔這〕名片。［둥쟈릭랴이거즁궈신야졘닌우화숴칭닌칸저밍펜］主人님, 淸人 혼 분 와셔 뵙고 말솜홀 일이 잇다고 홈니다. 이 명펜 보십시오.

你出去告訴他說, 我現在忙着寫信哪, 不能見他, 請他改天再來罷。

---

① 피화(皮貨): 皮貨. 가죽으로 만든 물건.
② 지젼(紙廛): 紙鋪. 지전. 종이와 가공품을 팔던 가게.

[늬츄춰쏘수타쉬워쎈지망져쎄신나부녕젼타칭타씨텐지리바] 너 나가셔 져드러 말ᄒᆞ기를 내가 지금 편지를 쓰ᄂᆞᆫ듸 밧버셔 볼 수가 업스니 다른 놀 오라고 ᄒᆞ라.

是, 我們東家叫我告訴您說, 他現在忙着寫信哪, 不能見您, 請您改天再來罷。 [쒸워믄둥쟈좌워쏘쑤넌쉬타쎈지망져쎄신나부녕녕센칭넌쌔텐지리바] 녜, 우리 쥬인이 로형게 말슴ᄒᆞ라기를 계가 지금 밧분 편지를 쓰ᄂᆞᆫ 고로 로형 볼 슈가 업스니 다른 놀 오시라

ᄒᆞ오.

那麽, 你回頭告訴東家說, 就提我見他有要緊的事情商量, 請他明兒晌午務必在家等我。 [나마늬회투쏘수둥쟈쉬주틔워젠타워얀진듸외칭상량칭타밍얼쌍우우쎄지쟈뎡워] 그러면 로형 다시 가셔 쥬인게 말ᄒᆞ기를 내가 뵈오려 ᄒᆞ기는 긴요한 사졍을 샹의ᄒᆞᆯ① 것이 잇스니 릭일 낫에 부듸② 듹에 잇셔 나를 기다리라 ᄒᆞ시오.

是了, 我回頭替您說罷。 [쒸라워회투틔닌쉬바] 녜, 내 다시 가셔 로형 말슴 ᄒᆞ리다.

第四十七課 連語(收穫)

老兄, 怎麽這程子我總没見您哪? [랴웡즘마져청쯔워즘메젼닌나] 로형 웨 요시이ᄂᆞᆫ 뵐 슈 업소?

我回家收莊稼去了。 [워회쟈쒀쟝쟈취라] 나ᄂᆞᆫ 시골 가셔 츄슈 보고 왓소.

今年收成的怎麽樣哪? [진녠쒀청듸즘마양나] 금년 츄슈ᄂᆞᆫ 웃더ᄒᆞ오?

今年收成的還算好哪。 [진녠쒀청듸ᄒᆡ쏜화나] 금년 츄슈ᄂᆞᆫ 미우 조와요.

您種着有多少地呀? [닌즁져우둬쏘듸아] 로형 얼마 ᄯᅡ이나 심으셧소?

我的地不多, 纔十頃多地。 [워듸듸부둬엑시칭둬듸] 내 ᄯᅡᆼ은 만치 안소. 게우 十頃餘地올시다.

今年你打了有多少石糧食哪? [진녠늬쟈라워둬쏘시량싀나] 금년에 츄슈 ᄂᆞᆫ몟 셤이나 ᄒᆞ셧소?

打了有三百多石糧食。 [짜라워⟨싼⟩빅⟨둬단⟩량읙] 三百石 남짓 ᄒᆞ엿소.

---

① 샹냥(商量)ᄒᆞᆯ: 商量. 샹의할.
② 부듸: 務必. 부디. 반드시.

那麼, 今年你打的糧食比去年多? [나마진녠늬쟈디량의쎄취녠둬] 그러면 今年 츄슈가 쟉년에 비ᄒᆞ면 만소그려?

今年比去年多打了有五十多石糧食了。[진녠쎄취녠둬쟈라우우의둬단량싀라] 今年은 作[昨]年에 比ᄒᆞ면 五十餘石을 더 ᄒᆞ엿소.

第四十八課 連語(問路)

這是上開平的道兒麼? [져의썅캐펑듸단얼마] 이것이 開平 가는 길이오?

這條路是上北京的大道。[져탸오루의썅베징듸쟈단] 이 길은 北京 가는 큰길이오.

這道河深不深? [져단허씬부씬] 이 하슈는 깁슴닛가?

這個大河深得很。[져거쟈허씬더흔] 이 하슈는 미우 깁소.

現在有要開的火輪船麼? [쎈지우야오캐듸훠룬촨마] 지금 써나는 화륜션이 잇슴닛가?

現在住着有兩隻火輪船, 有一隻是後天早起開。[쎈지주져위량지

훠룬촨위이지의휘텬쟈치캐] 지금 화륜션 두 쳑이 잇는듸 한 쳑은 모릐早朝에 써나오.

後天早起開的這隻火輪船, 甚[叫]甚麼名字? [휘텬쟈치캐듸져지휘룬촨쟌숨마밍쯔] 모릐早朝에 써나는 화륜션의 일홈은 무엇이오?

這隻船名字叫山東。[져지촨밍쯔쟌쌴둥] 이 ᄇᆡ는 山東丸이오.

船好不好? [촨환부환] ᄇᆡ는 좃소?

這隻船很好。[져지촨흔환] 이 ᄇᆡ는 미우 좃소.

第四十九課 連語(出租)

這個房子多咱租的? [져거ᅇᅣᆼ쯔둬쟌주듸] 이 방은 은졔 셰드셧소?

上月搬來了。[썅웨쌴래라] 지난달에 반이ᄒᆞ여① 왓소.

有幾間屋子? [위지주[쟨]우쯔]

몃이 몃 간이오?

樓下有五間屋子。[루쌰위우쟨우쯔] 아릿층에 방 다섯 간 잇소.

一個月多少房錢? [이거웨둬쑈ᅇᅣᆼ쳰] 한 달에 방셰가 을마오?

一個月三十五塊錢。[이거웨싼의

---

① 반이(搬移)ᄒᆞ여: 搬. 이사하여.

우꽤쳰] 한 달에 三十五圓이오.
厨房很腌臢了。[주퍙흔앙쟝라] 부엌이 미우 더럽소.
這是烟熏火燎的了。[저쓰옌쉰훠랸듸라] 이것은 연긔에 그럿슴니다.

隔壁兒怎麼那麼喧嚷？[쩌비얼즘마나마쒠샹] 隔壁에셔는 우이 져러케 써드오？
隔壁兒客人所滿了。[쩌비얼커신쒀만라] 隔壁에는 客이 마니 드럿소.

第五十課　連語(喪事)

他們家裏誰不在了？前兒我在他們那兒過，看見家裏的人們都穿着孝呢。我因爲忙着來該班兒，故此也沒有得問一問。[타믄쟈리쒀부지라쳰얼워지타믄나얼궈칸졘쟈리듸신먼두촨져쌴니워인웨망져리씨쌘얼구츠예메우데운이운] 뎌 사름의 집에 누가 죽엇소？악가 내가 져의 집 압흘 지날 쎄에 보니 져의들이 모다 喪服을 입엇습듸다. 내가 밧비 옴을 인호야 한 번 무러보지도 못호엿소.
剛纔我聽見説，他的父親不在了。[깡치워팅졘쒀탄듸야친부지라] 악가 내가 드르니 져의 부친이 도라갓다 홉듸다.

你吊喪去了没有？[늬됴상취라메우] 로형 됴상 갓셧소？
昨兒做道場，我在那兒坐了一整天呢。[줘셜[얼]줘돠창워지나얼줘라이졍텬니] 어졔 지 올니는데 나도 져긔 가셔 하로 안졋셧소.
多咱出殯？[둬잔츄빈] 은제 츌빈 흐오？
説是月底。[쒀스웨듸] 금음게① 혼다 홉듸다.
他們塋地在那兒？[타믄잉듸지나얼] 져의 山地는 어듸 잇소？
離東城有五十多里。[리둥쳥유우시둬리] 東城外五十餘里에 잇다 호오.

第五十一課　連語(商店)

先生，你想在我店裏買些東西？[쎈엉늬썅지워뎐리매쎼둥시] 션싱, 당신 내 뎐에셔 물건 좀 사시려 흐시오？

---
① 금음게：月底. 그믐게.

若是價錢相宜, 我要向你買許多東西。[숴싀자쳰샹이워야쌍늬매쉬둬둥시] 갑이 싸면 多少 間 로형에게 물건 좀 사려 ᄒᆞ오.

你要向我買些甚麽？[늬야쌍워미쎼슴마] 로형 무슨 물건을 사려 ᄒᆞ시오？

我想向你買些頂尖肥皂。[워쌍쌍늬매쎼띵쟌예쟈] 上等 비루①를 사려 홉니다.

你有得出賣麽？[늬위데츄미마] 팔 것이 잇슴닛가？

有, 我有許多出賣。[위워위쉬둬츄미] 팔 것이 마니 잇슴니다.

請拿那個出來給我看看, 我向你買。一打要多少錢？[칭나나거츄릐쎄워칸칸워쌍늬미이쨔야둬쌰쳰] 져것을 가져 니여 내게 뵈시오. 내가 살 터이니. 한 닷스에 얼마오？

實價一打一塊洋銀。[씨쟈이쟈이쾌양인] 실가가 한 닷스에 일 원이오.

你要得價錢太貴。[늬야더쟈쳰태쒜] 로형이 갑을 너무 달나시오.

貨真價實。[훠쩐쟈씨] 물건이 죠코 갑도 실답소이다.

你看, 香得很。[늬칸샹더〈흔〉] 이 향늬 나는 것을 보시오.

你可以減少些兒價錢麽？[늬커이얜쌰쎼얼쟈쳰마] 좀 갑을 싹지 못ᄒᆞ겟소.

我不能減價。[워부능얜쟈] 갑은 싹글 슈 업소.

第五十二課 連語(傭人)

先生, 你行内要請一個寫字的麼？[쎈썽늬항네야칭이거쎄쯔듸마] 션싱 당신 젼에 셔긔② ᄒᆞᆫ 사룸 쓰시려 ᄒᆞ시오？

我從前曾經讀過英文有五年了。[워츙쳔쩡징두궈잉운위우녠라] 나는 긔왕③에 영문을 오 년 공부 ᄒᆞ엿슴니다.

若是我請你, 你可以同我立一年的合同麽？[숴싀워칭늬늬커이퉁워리이녠듸허퉁마] 그러면 내가 로형게 쳥ᄒᆞ오. 나고 一年 계약을 ᄒᆞ시겟소？

我可以同你立一年合同。[워커이퉁늬리이녠허퉁] 내 로형과 一年 계약을 ᄒᆞ겟소.

你可以尋出保人保你麽？[늬커이신츄봐신봐늬마] 로형 보증인

---

① 비루: 肥皂. 비누.
② 셔긔(書記): 寫字的. 서기.
③ 긔왕(旣往): 曾經. 이젼.

홀 스룸 엇어내겟소?

我不能應承你尋保人。[워부녕잉 쳥늬신반싄] 로형이 보증인을 차지시면 나는 홀 슈 업소.

你每月要多少薪水麽? [늬메웨야 둬쏜신쉬마] 로형 미월에 월급 얼마나 요구ᄒ오?

我所要的薪水, 我望你每月給我二十塊。[워쒀야듸신쉬 [쉬] 워 왕늬메웨쎄워얼시쒹쾌] 내 요구ᄒ는 월급은 미월 二十圓을 바라

오.

你從前在何處傭工? [늬츙쳰지허 추융궁] 젼에는 어듸셔 일 보셧소?

我從前在那個行裏做了三年寫字了。[워츙쳰지나거항리쥐라싼 녠쎼쓰라] 내 그젼에 져 뎐에서 三年 간 글씨 썻습니다.

我當後天來充此職。[워쌍훠텐래 충츠지] 내 모레브터 와셔 일ᄒ겟소.

第五十三課 連語(博覽會)

您看賽珍會去了麽? [닌칸쌔진회 취라마] 로형 박람회에 가셔 보셧슴닛가?

我還没去哪, 您去了没有? [워해 메취나닌취라메우] 나는 아즉 못 갓셧소. 로형 갓셧소?

我去了三趟。[워취라싼탕] 나는 셰 번 갓셧소.

都看完了麽? [두칸완라마] 다 보셧슴닛가?

那兒能看完呢? 總得去五六趟纔能看完哪。[나얼넝칸완니쭝데취 우루탕치뎡 [녕] 완 [칸] 완나] 웃지 다 보아요. 웃지든지 五六次 가야 다 보지오.

您没有事, 今天同我再去一趟, 好不好? [닌메유싀진텐퉁워재 취 이탕화부화] 로형 일 업거든 오

놀 나ᄒ고 갓치 쏘 한 번 가시면 웃더ᄒ겟소?

可以, 那麽這就去罷。[커이나마 져쥬취바] 좃소이다. 그러면 곳 나아갑시다.

別忙, 喝一碗茶再去罷。[볘망허이 완차재취바] 밧바ᄒ지 마시오. 차 흔 잔 먹고 갑시다.

就[您]瞧, 那是第一會場。[쥬 [닌] 챠 나싀듸이회창] 보시오. 져것이 제일 회장이오.

盖的實在好看, 可是那票在那兒買呢? [쌔듸시재환칸커싀나퍈재 나얼믜니] 썩 잘 지엇소. 이 표는 어듸셔 삼닛가?

那個門口兒傍邊兒的房子就是賣票處。你等一等兒, 我買票去。[나 거믄퀄팡볜얼듸앙쓰쥬싀미퍈

추늬덩이덩얼워미관춰] 져 문간
겻방이 표 파는 곳이오. 로형 좀

기다리시오. 내가 표 사 가지고
오리다.

第五十四課 連語(續)

這就是第一號館, 咱們先看右邊兒
罷。[져쥬싀듸이호관자믄쎈칸
위볜얼바] 여긔는 졔일호관이
오. 우리 먼져 우편으로 가셔 봅
시다.

這邊兒都有甚麼東西？[져볜얼두
위슴마둥시] 여긔는 모다 무슨
물건이 잇소？

是各學堂的出品, 像片兒、樂器、
文具和各樣兒的玩意兒甚麼的。
[싀꺼쒸탕듸츄핀샹옌얼워치운
쥐히쩌양얼듸완일얼슴마듸] 각
학교 츌품물건 사진과 악긔와 문
구와 긔타 각식 쟉난감들이오.

那左邊兒有甚麼東西？[나줘볜얼
위슴마둥시] 져 좌편에는 무슨
물건이 잇소？

磁器、玻璃、玉器、皮張, 還有各
樣兒的傢具。[츠지쎄리위치피
쟝하위쩌양얼듸쟈쥐] 자긔, 류

리, 옥긔, 피물긔 외에도 각식 셰
간이 잇소.

東西很多, 而且擺的也很好看。[둥
시흔둬얼쳬쌔예흔하칸] 물건이
미우 만코 쏘 미우 보기 조케 벌
녀 노왓소구려.

等着再來試一試罷, 今兒没有工夫
了。[덩져직래시이시바진얼메
위꿍야라] 이 다음에 와셔 쏘 봅
시다. 지금은 겨를이 업스니.

請等一會兒。[칭덩이회얼] 좀 기
다리시오.

我還有事, 現在要告暇〔假〕。[워
히위싀 쎈지야쏘쟈] 내가 일이
잇셔 지금 쟉별을 고흐오.

那麼, 我倒不敢深留了。[나미[마]워
다부쏘씬류라] 그러면 나도 감
히 만류홀 슈 업소.

再見再見。[지견지견] 쏘 봅시다.

第五十五課 連語(田舍)

我很愛鄉下的光景。[워흔애썅쌰
듸광징] 나는 시골이 미우 죳소.

不錯, 鄉下是很清雅的。[부춰양쌰
싀흔칭야듸] 그럿소. 시골은 미
우 쳥아흐오.

上郊外去逛罷。[썅쟈왜취꽝빠]
들 밧게 구경갑시다.

穿過那個樹林子去罷。[촨궈나거
쑤린쯔취바] 이 슈림을 지나 너
머 갑시다.

那個村莊叫甚麼？［나거춘좡쟈썬마］져 촌은 무슨 촌이오？

我也不知道那個屯裏。［워예부지닪나거툰리］나도 져 촌은 모르오.

那山上的別業是誰的？［나싼쌍듸쎼예싀쉐듸］져 산 우에 정즈는 뉘 것이오？

這個房子我的別業了。［져거팡쯔워듸쎼예라］이 집은 내 졍즈오.

左近地方都是荒着的。［줘진듸퐝두싀황져듸］근쳐는 모다 소조ᄒᆞ구려①.

去年叫洪水淹了。［쥐녠쟌훙쒜엔라］去年에 洪水로 沉淹ᄒᆞ엿소.

這幾天下雨路滑走不得。［져지텐쌰위루화쭤부더］요ᄉᆞ이 비가 와셔 길이 밋그러 갈 슈 업소.

如今往那裏？［수진왕나리］지금 어듸로 가시려 ᄒᆞ오？

那個村莊我們有一個朋友要出看他。［나거춘좡워믄위이쩌펑우얀츄칸타］져 촌장에 우리 친구 ᄒᆞᆫ 분 잇ᄂᆞᆫ듸 가셔 보려 ᄒᆞ오.

慢些走, 差不多當午肚餓了。［만쎼쬐차부둬당우두어라］쳔쳔이 갑시다. 거진 열두 시오. 빅곱흐오.

第五十六課 連語(悶暑)

這麼熱天氣竟在家裏, 受不得了。［져마서텐치징쟈리쓔부더라］이러ᄒᆞ게 더운 날 집안에 안즈니 못 견듸겟소.

咱們找一個凉快的地方兒逛逛去罷。［잔믄쟈이거량쾌듸듸퐝얼쾅쾅취바］우리 ᄒᆞᆫ 셔늘ᄒᆞᆫ 디방에 산보 갑시다.

您既然不舒服, 別在外頭, 進屋裏去暖着點兒罷。［닌지산부수얙쎼지왜투진우리춴놘져뎬얼바］로형 볼편ᄒᆞ시거든 밧게 나시지 말고 방에 드러가셔셔 좀 덥게 조레ᄒᆞ시오.

天氣悶熱的利害。［텐치먼서듸리히］일긔가 너무 더워 못 견듸겟소.

寒暑表有九十五度了。［한슈뱌우쥬시우두라］한셔표가 九十五〔오〕度 되엇다.

一點兒風絲兒也沒有。［이뎬얼펑쓰얼예메위］一點의 風이 絲만치도 업소.

所有的傢伙都是燙手兒的熱。［쒀위듸쟈훠두싀탕셔얼듸서］모 든 세간이 다 손을 데을 듯ᄒᆞ게 쓰

---
① 쇼조(蕭條)ᄒᆞ구려: 荒. 고요하고 쓸쓸하구려.

졉소.
越喝冰水越渴。[웨허빙쒀웨커] 빙슈 마실슈록 더욱 목이 마르오.
汗下如雨。[한쌰수위] 쌈이 비갓치 흐르오.
別人兒都是赤身露體的坐着, 還怕中暑。[쎄신얼두스칙썬루틔듸 줘져히파즁슈] 타인들은 다 벌거벗고 안져셔〈도〉더위 먹을가 ᄒ오.
在樹林子裏坐着, 聽那山溪兒水聲, 真叫人萬慮皆空。[지쑤린쯔리줘져팅나쌴시얼쒀성 쩐젠신완뤼졔쿵] 슈림 속에 안져셔 져 산간의 물소릭를 드르니 춤 만 가지 싱각이 다 븬 듯십소.

第五十七課 連語(常言)

天下無難事, 只怕不用心。[텬쌰우난스지파부융신] 天下에 難事가 無ᄒ고 다만 用心 아니홈만 怕ᄒ다.
難者不會, 會者不難。[난져부회회져부난] 難ᄒ 者는 會치 못ᄒ고 會ᄒ 者는 難치 안타.
忙行無好步。[망싱우환부] 忙히 行홈에 好ᄒ 步가 無ᄒ다.
針無兩頭利。[즌우량투리] 針은 兩頭의 利가 無ᄒ다.
有志吃志, 無志吃力。[위즤치지우즤치리] 志가 有ᄒ면 志를 吃ᄒ고 志가 無ᄒ면 力을 吃ᄒ다.
燕雀豈知鴻鵠志。[연챤치지훙꾸지] 燕雀이 엇지 鴻鵠의 志를 知ᄒ리오.
林中不賣薪, 湖上不賣魚。[린즁부미신후썅부미위] 林中에셔 薪을 賣치 안코 湖上에셔 魚를 鬻지 안는다.

買賣爭毫厘。[매미졍환리] 買賣에 毫厘를 爭ᄒ다.
價高招遠客。[쟈꼬쟈웬커] 價가 高ᄒ면 遠客을 招ᄒ여진다.
蠅頭小利奔西走東。[잉투쏘리번시젼둥] 蠅頭의 小利로 奔西走東ᄒ다.
未算買, 先算賣。[웨쏸매션쏸미] 買ᄒ기를 筭치 말고 먼져 賣ᄒ기를 筭ᄒ라.
上山捉虎易, 開口語人難。[썅쌴[쏸]주후이캐쿠위신난] 山에 上ᄒ야 捉虎ᄒ기는 易ᄒ고 口를 開ᄒ야 人에게 語ᄒ기는 難ᄒ다.
自己無能反推物鈍。[쯔지우넝앤퉤우둔] 自己가 無能ᄒ되 도리여 物이 둔ᄒ다 推ᄒ다.
秀才談書, 屠户談猪。[쓔[슈]얘탄슈두후탄주] 秀才는 書를 談ᄒ고 屠户는 猪를 談ᄒ다.
百藝無如一藝精。[븨이우수이이

징] 百藝가 一藝의 精흠만 不如 흐다.
多吃少滋味, 少吃多滋味。[둬치샨 쯔웨샨치둬츠웨] 만이 먹으면 滋 味가 젹고 젹게 먹으면 滋味가 만타.
家人犯法, 罪在家主。[쟈신앤애줴 직쟈주] 家人이 罪을 犯흐미 罪 는 家主에게 在흐다.
一夜不眠, 十日不安。[이예부몐시 쇠부안] 一夜를 眠치 아니흐다 가 十日이나 安치 안타.
直木先伏, 甘井先渴。[지무션우쨘 징션커] 直흔 木은 先히 伏흐고 甘흔 井은 先히 渴흐다.
疑人莫用人, 用人莫疑人。[이신머 용신용신머이신] 人을 疑커든 人을 用치 말고 人을 用커든 人 을 疑치 말라.
天下之事非教無成。[톈쨔즈싀에 쟈우청] 天下의 事는 教가 아니 면 成치 못흔다.
腹有詩書氣自華。[얘위시슈치즈 화] 腹에 詩書가 有흐면 氣가 自 然히 華흔다.

第五十八課 連語(續)

打得雷大, 落得雨小。[따더레이다러 더위쌰오] 雷가 大흐면 雨가 小흐 다.
肉腐出蟲, 魚枯出蠹。[쉬우푸츄츙위 쿠츄두] 肉이 腐흐면 虫이 出흐 고 魚가 枯흐면 蠹가 生흔다.
不登山不知天之高。[부덩쌴부지 톈즈까오] 山에 登치 아니흐면 天 의 高흠을 모른다.
不臨溪不知地之厚。[부린시부지 띄즈허우] 溪에 臨치 아니흐면 地 의 厚흠을 모른다.
路不行不到, 事不爲不成。[루부싱 부따오싀부위부청] 路는 行치 아 느면 到치 못흐고 事는 爲치 아 느면 成치 못흔다.
臨淵羨魚不如退而結網。[린옌쎈 위부수튀얼졔왕] 淵에 臨흐야 魚를 부러워흠이 退흐야 網을 結 흠만 不如흐다.
近鮑者臭, 近蘭者香。[진바오져처우진 란져샹] 싱션을 갓가이흐면 닙 시 나고 蘭을 近히 흐면 香늬 난 다.
莫看强盜吃肉, 只看强盜受罪。[머 칸챵따오치쉬우즈칸챵따오쎠우줴] 强盜 가 肉 먹는 것을 보지 말고 强盜 가 罪 밧는 것을 보아라.
見善如不及, 見惡如探湯。[졘쌴수 부지졘어수탄탕] 善을 見호딕 不及흠과 如히 흐고 惡을 見호딕 湯을 探흠과 如히 흐라.

不大其棟, 不能任重。[부다치둥 부넝신즁] 기동①이 크지 못ᄒ면 무거운 것을 감당치 못ᄒ다.

畫虎不成終類犬。[화후부쳥즁뤼 췬] 虎를 畫ᄒ야 成치 못ᄒ면 終에 犬과 갓다.

忙中有錯。[망즁위춰] 밧븐 즁에셔 차착이 잇다.

千個師傅千個法。[쳰거스왁쳰거 애] 千個 스승에 千個 법이라.

賣瓜的說瓜甜。[믜과듸쉬과텐] 賣瓜商이 제 외 달다고 말ᄒ다.

官不保人, 私不保債。[관부봔신쓰 부봔지] 官人은 人을 保치 안코 私人은 債를 保치 안는다.

肚餓好吃麥米飯。[두어환치머미 앤] 비곱ᄒ면 보리밥도 잘 먹는다.

新是香, 陳是臭。[신싀샹쳔싀쳐] 新ᄒ면 香ᄂᆡ 나고 陳ᄒ면 닙싀난다.

口是無量斗。[쿼쒸우량쒀] 입은 한량업는 말이라.

蠢妻逆子無法可治。[츈치이쯔우 얘커쒸] 어리셕은 妻와 패역ᄒᆞᆫ 子는 治ᄒᆞᆯ 法이 업다.

國易治家難齊。[궤이쒸쟈난치] 國은 治키 易ᄒ고 家근[는] 齊키 難ᄒ다.

怕你不嫁你, 嫁你不怕你。[파늬부 쟈늬쟈늬부파늬] 너를 시집 못 보낼가 두렵지 너를 시집만 보ᄂᆡ면 너 두려울 것은 업다.

家敗奴欺主。[쟈비누치쥬] 家가 敗ᄒ면 奴가 主를 欺ᄒ다.

斗米不成包。[뒤[더]미부쳥봐] 斗 米로 包를 成치 못ᄒ다.

狗瘐〔瘦〕主人羞。[꿔쎠쥬신 쒀[싀]] 개가 파리ᄒ면 쥬인이 붓그럽다.

察室莫過鄰里。[차시머궈린리] 室을 察ᄒ기는 鄰家에 지날 것이 업다.

善人聽說心中刺〔刺〕, 惡人聽說 耳邊風。[샨인[신] 팅쉬쥰[신] 즁츠어신팅쒸얼볜펑] 善人은 說을 聽ᄒ면 中心이 刺ᄒ야지고 惡人은 說을 聽ᄒ면 耳邊으로 흘닌다.

桑條從小揉。[쌍탸츙쌰쉬] 뽕나무 가지는 휘츄리로브터 휘여잡는다.

恨鐵不成鋼。[헌테부쳥깡] 鐵이 鋼을 成치 못ᄒᆞᆯ가 恨이라.

第五十九課 連語 (續)

在生不孝, 死祭無益。[지셩부쌰쓰 즤우이] 사라셔 불孝ᄒ고 죽어

---

① 기동: 棟. 기둥.

셔 졔 지니면 무엇ᄒ리.

在生不把父母敬, 死後何必哭靈魂。[ᄌᆡ씽부바ᄫᅮ무징쓰훠허비쿠링훈] 사라셔 父母를 敬치 안코 죽어셔 우애 靈魂을 哭ᄒ노.

孝爲百行之源。[샤웨배싱ᄌᆡ웬] 孝는 百 가지 힝씽에 근원이 된다.

浮生若夢。[ᄫᅮ씽뤄멍] 浮生이 ᄭᅮᆷ과 갓다.

生有日, 死有時。[씽워ᄉᆞ쓰워씌] 生ᄒᆞᆷ은 日이 有ᄒᆞ고 死ᄒᆞᆷ은 時가 有ᄒ다.

人生一世, 草木一春。[신씽이쉬[스]챠우무이츈] 人生은 一世오 草木은 一春이라.

夫死三年妻大孝, 妻死無過百日思。[ᄫᅮ쓰싼녠치ᄶᅡ샤우치쓰우궈비ᄉᆞ스] 난편 죽어 三年에 妻는 大孝ᄒ되 妻 죽어 百日을 思ᄒᆞᄂᆞᆫ자 업다.

平生莫作皺眉事, 世上應無切齒人。[핑씽머줘ᄶᅯ메쓰스썅잉우체츠신] 平生에 皺眉ᄒᆞᆫ 事를 作지 마라. 世上에 벅벅이① 切齒人이 無ᄒ니.

福不雙至, 禍不單行。[ᄫᅮ부쌍ᄌᆡ훠부단싱] 福이 쌍으로 오지 안코 화가 單으로 行치 안는다.

前人開路後人行。[쳰신캐루훠신싱] 前人이 路를 開ᄒᆞ고 後人이 行ᄒ다.

寧作太平犬, 莫作逆亂人。[닝줘태핑촨머줘이롼신] 太平犬이 될지언졍 逆亂人은 짓지 마라.

人不傷心泪不流。[신부썅신레부류] 人이 샹심치 아니ᄒᆞ면 泪가 흐르지 안는다.

一葉既動, 百枝皆揺。[이예지둥ᄇᆡᄌᆡ제야우] 一葉이 움작이면 ᄇᆡᆨ 가지가 다 흔들닌다.

禍福無門, 惟人所招。[훠ᄫᅮ우믄위신쉬쟈우] 화복은 문이 업고 스룸이 부르는 데 잇다.

白日莫閑過, 靑春不再來。[ᄲᅦᄉᆞ머쎈궈칭츈부ᄌᆡ릭] 白日을 閑過치 마라. 靑春이 再來치 안는다.

因風吹火, 用力不多。[인ᄫᅥᆼ췌훠용릐부둬] 바ᄅᆞᆷ을 因ᄒᆞ야 火를 吹ᄒᆞ면 用力이 만치 안타.

一家打墻, 兩家方便。[이쟈ᄯᅡ창량쟈ᄫᅡᆼ볜] 한 집에셔 담 싸으면 두 집이 방편ᄒ다.

莫道文王卦不靈, 只怕先生斷不眞。[머돠운왕과부링즤파쎈씽단부젼] 文王卦가 령치 안타 ᄒᆞ지 말고 先生의 지조 부족ᄒᆞᆫ 것이나 싱각ᄒ오.

世事皆先定, 浮生空自忙。[스ᄋᆝ제
---
① 벅벅이: 應. 틀림없이.

쎈딍썽왂[얜씽]쿵즈망] 世事는 다 先히 定흔 것을 浮生이 空然이 奔忙흔다.

萬般皆由命, 半點不由人。[완반졔위밍쌘뎬부위싄] 만반이 다 명이지 반 분도 사름은 由치 안는다.

福生有基, 禍生有胎。[왂썽위지훠썽위틴] 福이 生흠은 基가 有ᄒ고 禍가 生흠은 胎가 잇다.

抱薪救火。[반신쥬훠] 薪을 抱ᄒ고 火를 救흔다.

開門揖盜。[캐믄이단] 문을 열고 도적에게 읍흔다.

挑雪塡井。[탸쉐텐징] 눈을 파셔 우물을 메인다.

得魚忘筌。[더워왕쵄] 魚를 得ᄒ면 筌을 忘흔다.

第六十課 連語(續)

瞎子上山看景致。[샤쯔썅싼칸징즤] 쇼경이 산에 올나 경치를 본다.

老鴉笑猪黑, 自醜不覺得。[롸야쌰쥬헤즈쳐부쒀더] 가마귀가 도야지 검은 것을 웃되 자긔 더런 것은 아지 못ᄒ다.

學無老少, 達者爲先。[쉐우롸쌰다져웨쎈] 學은 老少가 업고 達흔 者가 先이 된다.

黃金有價書無價。[황진위쟈슈우쟈] 黃金은 價가 잇되 書는 價가 업다.

一日之師, 終身爲父。[이싀즤싀즁썬웨뿌] 一日의 師는 終身의 父가 된다.

家有書聲家必興, 家有歌聲家必傾。[쟈위슈썽쟈비싱쟈위꺼썽쟈비칭] 家에 書聲이 有ᄒ면 家가 반다시 興ᄒ고, 家에 歌聲이 有ᄒ면 家가 반다시 傾흔다.

有意栽花花不發, 無心插柳柳成陰。[위이치화화부얘우신챠루루쳥인] 意가 잇셔 花를 裁ᄒ엿드니 花는 發치 안코 心이 無히 柳를 揷ᄒ엿드니 柳는 陰을 成ᄒ엿다.

當斷不斷, 反受其難。[당돤부돤앤쑤치난] 결단홀 것을 결단ᄒ지 안으면 反히 難을 受흔다.

少壯不努力, 老大徒傷悲。[쌰좡부누리롸따두[투]썅에] 졀머셔 힘쓰지 안으면 늙어셔 한갓 슯흐다.

英雄無用武之處。[잉슝우융우즤츄] 영웅이 용무홀 곳이 업다.

當局者迷, 旁觀者清。[당쒸[쥐]져메팡관져칭] 당국흔 ᄌᆞ는 희미ᄒ고 방관흔 ᄌᆞ는 묽다.

從苦中得甘。[쭁쿠즁더깐] 苦에셔

甘을 得흔다.
明月不常圓。[밍웨부챵원] 明月이 항상 둥그지 안는다.
彩雲容易散。[치윈융이싼] 彩雲이 容易흐게 허여진다.
樂極生悲。[러지셩예] 樂이 極흐면 悲가 生흔다.
福壽康寧, 人所同欲。[왞쑤캉닝신쒀퉁워] 복슈강녕은 스람의 욕심내는 바이라.
平安兩字値千金。[평안량쯔즤쳰진] 平安 두 즈는 갑이 千金이라.
淸閑兩子〔字〕錢難買。[칭쎈량쯔쳰난마이] 淸閑 두 즈는 돈으로도 못 산다.
飛蛾撲燈自燒其身。[에어푸뎡즈쌰치쎤] 나뷔가 등을 치다 스사로① 그 몸을 사른다.
害人終害己。[해신즁해지] 人을 害흐면 終에 己를 害흔다.
暗藏甲兵。[안챵쟈빙] 가마니 陰計를 품엇다.
袖裏藏刀。[슈리챵뎦]소매 속에 칼을 감초엇다.
螳螂捕蟬, 豈知黃雀在後。[탕랑부싼[찬] 치지황챠지후] 말똥구리가 미암이를 잡으매 웃지 참새가 뒤에 잇는 줄을 아랏스랴.
助桀爲虐。[쥬졔웨뉴] 걸이를 도와서 사오나옴을 흔다.
豹死留皮, 人死留名。[쌷쓰루피신쓰루밍] 豹가 死흐면 皮는 남고 人이 死흐면 名은 남는다.
螞蟻搬泰山。[마이싼태싼]기미②가 틔산을 쪄간다. 진압틔산이라.
大丈夫起家容易, 眞君子立志何難。[다쟝왞치쟈슝이연쮠쯔릐즤허난] 大丈夫가 起家흐기 容易흐니 眞君子가 立志흐기 무엇이 難흐리.
兩耳不聽窓外事, 一心只讀案前書。[량얼부팅촹왜읠이신지두안쳰슈] 兩耳로 窓外의 事를 不聽흐고 一心으로 案前의 書만 讀흔다.
三更燈火五更鷄, 正是男兒立志時。[싼징덩훠우징지여[옝] 씌난얼릐[릐] 즤씌] 三更의 燈火와 五更의 鷄聲은 正히 男兒의 志를 立흘 時라.

---

① 스사로: 自. 스스로.
② 기: 螞蟻. 개미.

附　錄

索　引

第六課
甚麼 무엇
東西 물건
事情 ᄉ건
時候 시간

第七課
枕頭 베개
游歷 유람
做買賣的 쟝사
現在 지금

第八課
念書 글 읽다
學堂 학교
衣裳 의복
帽子 모ᄌ

第九課
很 믜우
穿 입다
山東丸 비 일홈

第十課
吃 먹다
烟袋 담ᄇᆡ짜

生意 장ᄉ일

第十一課
哥哥 형
敞〔敝〕 자긔(嫌稱)

第十二課
賤 자긔(嫌稱)
張家口 디명
貴幹 보실 일
貨物 물건
住着 유슉

第十三課
甲子 년셰
恭喜 영업
泰昌 샹뎜 일홈

第十四課
托福 덕퇵으로
多謝 고맙소

第十五課
火車站 졍거장
多咱 은제

開船 츌범

第十六課
多少 얼마
十塊 십 원

第十七課
怎麽 읏더케
法子 방법
擱 치다
淸醬 간쟝

第十八課
不辦 ᄒ지 안타
没有 업다
工夫 시간

第十九課
一定 꼭
道兒 길

第二十課
還 아즉
認得他 져를 안다
已經 벌셔
辦完了 맛초다

第二十二課
没準兒 고르지 못ᄒ다
悶 답답ᄒ다
颳 불다

土 몬지
冒嘴兒 돗다
月亮 달
雲彩 구름
白天 낫

第二十三課
喜歡 질기다
和 과
號炮 호포

第二十四課
府上 딕내
拜年 셰비
屠蘇酒 셰쥬
餃子 썩국
客氣 사양

第二十五課
歇伏 하긔방학
整 꼭
一塊兒 한가지
走 가다

第二十六課
月底 월종
齊截 졍돈
大槪 대개
旱路 륙디
候車房 대합실
底下人 하인

第二十七課
不錯 그럿소
一趟 한 번

第二十八課
熱鬧 번창ᄒ다, 야단스럽다

第二十九課
年底 셰말
一晃兒 잠깐동안에
過獎 칭찬을 과이ᄒ다
送禮 션ᄉ

第三十六課
禮拜 례비
逛逛 구경ᄒ다
都 모다

第三十七課
胡同兒 골목
尺寸單子 쳑슈 표본
時興的 시쳬 것

第三十八課
洗臉水 셰슈물
芥末 계ᄌ가로
白鹽 소금

第三十九課
泃〔沏〕 담다
燙 쓰리다

菜單子 음식 발긔
新宰的 로 잡은 것
擦一擦 씻다

第四十課
頂大的 셕 큰
客棧 긱쥬집
鋪蓋等類 이부자리
澡堂 목욕탕

第四十二課
利害 못 견듸다
瞧瞧 보이다

第四十三課
掌櫃的 상뎜주인\

第四十四課
紙張 조희
得意 리 남다
行市 시셰

第四十五課
趟口（長城外蒙古沙漠地）
有長〔漲〕無落 시셰 좃타

第四十六課
東家 쥬인
行裏 상뎜 속
名片 명편
回頭 다시

等我 나를 기다리다

第四十八課
早〔早〕起 일즉

第四十九課
租 셰드다
屋子 방
腌臢 드럽다
隔壁兒 이웃집

第五十課
穿孝 거상 입다
做道場 지 올니다

第五十二課
寫字的 셔긔
合同 계약
薪水 월급

後天 모레

第五十三課
賽珍會 박람회
別 마러라

第五十四課
像片兒 사진
傢具 셰간
深留 만류ㅎ다

第五十五課
別業 졍즈
肚餓了 비곱프다

第五十六課
傢伙 가산 즙물
越 슈록

漢語의 注意홀 者는 語錄이니 語錄의 用例는 文章과 不同ᄒᆞ야 學치 아니ᄒᆞ면 解키 不能ᄒᆞᆯ지라. 左에 槪要를 列揭ᄒᆞ야 其用法을 知케 ᄒᆞ노라.

的 [듸] 之와 者의 意라.
兒 [얼] 語句에 添ᄒᆞ야 語氣를 圓滑케 홈이라.
了 [랴] 過去 又는 定確혼 境遇에 用홈이라.
罷 [바] 未來 又는 命令의 意를 表홈이라.
麽 [마] 疑問詞니 廣히 用홈이라.
很 [흔] 미우의 意라.
怕 [파] 아마, 대기의 意라.
快 [쾌] 곳의 意라.
没 [메] 不의 過去라.
哪 [나] 助詞니 냐, 가의 意라.
子 [쯔] 助詞니 名詞 下에 添用홈이 多ᄒᆞ니라.
是 [쓰] 應答 又는 代名詞라.
倒 [단] 도리여의 意라.
還 [히] 아즉의 意라.
呢 [니] 助詞니 疑問의 意라.
太 [틔] 甚의 意라.
啊 [아] 助詞니 間投辭라.
剛 [깡] 맛침의 意라.
打從 [짜충] 브터의 意라.
不錯 [부춰] 틀니지 안는다의 意라.
不對 [부뒈] 합당치 안타는 意라.
故意 [구이] 일부러의 意라.
使得 [쓰더] 된다의 意라.

偏巧 [펜챠] 공교이의 意라.
敢情 [깐칭] 웃지의 意라.
比方 [예빵] 비컨듸의 意라.
如果 [수궈] 과연의 意라.
還是 [히쐬] 역시의 意라.
好歹 [휘대] 조코 그르고의 意라.
發財 [애치] 돈 몬다의 意라.
恭喜 [꿍시] 경ᄉᆞ답다의 意라.
還有 [히워] 아즉 잇다의 意라.
着涼 [잔량] 감긔 드다의 意라.
够了 [쿼[거]랴] 족ᄒᆞ다의 意라.
害臊 [히쏘] 붓그럽다의 意라.
照應 [챠잉] 쥬션ᄒᆞᆫ다의 意라.
方便 [빵벤] 편리ᄒᆞ다의 意라.
客氣 [커치]、拘禮 [쥐리] 샤양ᄒᆞ다의 意라.
利害 [리히] 심ᄒᆞ다의 意라.
行情 [항징[칭]] 시셰의 意라.
用功 [융궁] 공부ᄒᆞ다의 意라.
商量 [쌍량] 이약이ᄒᆞ다의 意라.
賦閑 [왹셴] 틈, 겨를의 意라.
這次 [져츠] 이번의 意라.
找錢 [쟈췐] 덧드리의 意라.
照牌 [쟈픠] 현판의 意라.
匯兌 [훼쉐] 환젼의 意라.
辜負 [구왹] 은혜 모른다의 意라.
搭夥 [짜훠] 組合의 意라.
勝仗 [썽쟝] 승젼ᄒᆞ다의 意라.

放肆 [빵쓰] 제 마음딕로의 意라.
幫襯 [빵친] 도와쥰다의 意라.
高興 [까싱] 자미잇다의 意라.
囉唆 [러쒀] 변변치 안타의 意라.
耽擱 [단거] 샹지의 意라.
妥當 [퉈당] 당연의 意라.
瑣碎 [쉬쒜] 조고맛다의 意라.
靠他 [쿄타] 져 사람에게 의지흐다의 意라.
瞞他 [만타] 져 사람을 속인다의 意라.
饒他 [샾타] 져 사람을 용셔흐다의 意라.

碍着 [익져] 방히흐다의 意라.
少些 [쌰쎼] 젹다의 意라.
欠些 [쳰쎼] 부죡흐다의 意라.
撈着 [롸져] 取흐다의 意라.
清楚 [칭추] 쪽쪽흐다의 意라.
胡說 [후쉬] 거즛말의 意라.
嘮唣 [롸쟢] 시쓰럽다의 意라.
淘氣 [톼치] 작난흐다의 意라.
算做 [쏸줘] 싱각흐다의 意라.
未曾 [웨쎵] 아즉의 意라.
暗抄 [안챠] 書取의 意라.
交卸 [쟢세] 交換의 意라.
不准 [부쥰] 허락지 안타의 意라.

漢語獨學終

改正
增補
漢語獨學 全

著作者 宋憲奭
發行者 朴健會

發行所 朝鮮書館
發賣所 博文書館

凡例

一 本書는 支那語學을 獨習케 ᄒᆞ기 爲ᄒᆞ야 編成홈

一 支那語의 音을 漢字右邊에 朝鮮文으로 懸付ᄒᆞ야 自習의 便宜를 與ᄒᆞ고 下에 朝鮮語로 譯ᄒᆞ야 意味의 如何홈을 詳釋홈

一 支那語의 發音에 上聲去聲上平下平의 四聲이 有ᄒᆞ나 朝鮮文으로는 完全히 區別키 難홈으로 其近似한 音으로 識別ᄒᆞ얏스니 覽者는 極히 注意홈이 可홈

一 本書는 六十課로 分排ᄒᆞ야 會話와 常言을 表示ᄒᆞ고 下附錄에 索引을 添ᄒᆞ야 各課中 難澁한 字를 叅考解得케 홈

一 朝鮮文音讀法

一 간는 가오 兩字를 促音으로 呼홈이니 낫도산 等이 皆倣此홈

一 꾸는거우 兩字를 促音으로 呼홈이니 꾸ㅅ휵 等이 皆倣此홈

凡例

一、ᅄᅩ는바파間音이니ᅄᅧᆨᅄᅮᆨ等은皆上法을依ᄒᆞ야讀ᄒᆞᆷ
一、ᄉᆡ은러音과同ᄒᆞ나러보다輕히讀ᄒᆞ야即英字의R와近似ᄒᆞ니ᅀᅥᆨᅀᅱ等이皆倣此ᄒᆞᆷ
一、ᅄᅴᄂᆞᆫ아사間音이니ᅄᅡᆨᅄᅣ等이皆倣此ᄒᆞᆷ

漢語獨學目次

- 第一課　數字
- 第二課　連語
- 第三課　代名詞
- 第四課　連語（問）
- 第五課　連語（答）
- 第六課　連語（問）
- 第七課　連語（答）
- 第八課　連語（問）
- 第九課　連語（答）
- 第十課　連語（問答）
- 第十一課　連語（問答）

目錄 2

第十二課　連語（問答）
第十三課　連語（問答）
第十四課　連語（問答）
第十五課　連語（問答）
第十六課　連語（問答）
第十七課　連語（問答）
第十八課　連語（問答）
第十九課　連語（問答）
第二十課　連語（問答）
第二十一課　動詞用法
第二十二課　連語（天氣）
第二十三課　連語（時節）

目錄

第二十四課 連語（年賀）
第二十五課 連語（避暑）
第二十六課 連語（出外）
第二十七課 連語（賞景）
第二十八課 連語（天長節）
第二十九課 連語（歲末）
第三十課 連語（訪問）
第三十一課 名詞（天文）
第三十二課 名詞（地文）
第三十三課 名詞（人文）
第三十四課 短語
第三十五課 形容詞

目錄 4

第三十六課 連語（歇工）
第三十七課 連語（衣服）
第三十八課 連語（飲食）
第三十九課 連語（續）
第四十課 連語（客店）
第四十一課 連語（官訪）
第四十二課 連語（問病）
第四十三課 連語（訪友）
第四十四課 連語（行商）
第四十五課 連語（續）
第四十六課 連語（通刺）
第四十七課 連語（収穫）

目錄

第四十八課　連語（問答）
第四十九課　連語（出租）
第五十課　　連語（喪事）
第五十一課　連語（商店）
第五十二課　連語（傭人）
第五十三課　連語（博覽會）
第五十四課　連語（續）
第五十五課　連語（田舍）
第五十六課　連語（悶暑）
第五十七課　連語（常言）
第五十八課　連語（續）
第五十九課　連語（續）

目錄

第六十課　連語（續）

附錄

錄　索引

漢語獨學

著作者 宋憲奭

數字連語

第一課 數字

一 이 하나
二 얼 둘
三 싼 셋
四 쓰 넷
五 우 다섯
六 류 여섯
七 치 일곱
八 빠 여덟
九 쟉 아홉
十 써 열
百 빅 억
千 쳰 천
萬 완 만
億 이 억
兆 쟌 죠
京 징 경

第二課 連語

一個人 이거신 하사름
一部書 이부슈 칙한부
一隻狗 이지꺼 기한마리
一匹馬 이피마 말한필
一疋布 이피부 베한필
一把扇 이빠싼 부쳬한조루

代 名 詞 連 語

一枝筆 붓한자루
一塊石 돌한덩이
一張刀 칼한개
一間房 방한간
一塊錢 돈일원
一陣風 한세바람
一隊魚 고기한떼
一般心 일반마음
一鍾酒 한종술

第三課 代名詞

我 나
你 너
他 더
那 더
我的 나의것
你的 너의것
他的 더의것
那個 더것
我們 우리들
你們 너의들
他們 더의들
這個 이것

第四課 連語 (問)

你是誰 너의뉘 — 로형은뉘시오

第五課　連語

悠是誰　당신은뉘시오
他是誰　져는누구오
這個人是誰　이사람은누구오
那個人是誰　저사람은누구오
這位是誰　이분은뉘시오
那位是誰　져분은뉘시오

（答）

我姓王　내셩은왕가오
賤姓木　쳔셩은목가오
他是我的親戚　져는내친쳑이오

第六課　連語（問）

這位是我的朋友　이는내친구오

那位是他的先生　져는져의션싱이오

這個人是我的學生　이는우리학성이오

那個人是我的兄弟　져는내동싱이오

這個是甚麼　이것이무엇이오

那個是甚麼　져것이무엇이오

是甚麼話　이무슨말숨이오

是甚麼人　이무슨사룸이오

這個是甚麼東西　이것이무슨물건이오

第七課　連語

（答）

現在甚麼時候　　지금무슨시오
那個是甚麼事情　져것이무슨스졍이오
這是一封信　　　이것은편지자오
那個是枕頭　　　져것은베개오
是遊歷的話　　　이는유력ᄒ든이약이오
是做買賣的　　　이는장사ᄒ는사롬이오
是高麗的紅蔘　　이는됴선의홍삼이오
那是衙門的事情　져것은아문의사졍이오
現在是九點半　　지금아홉졈반이오

第八課 連語 (問)

那個好不好
　뎌거시죳흐냐부흐냐

你要那個
　너이뎌거슬

你愛那個
　네이뎌거슬

你念那個書
　네녠나거슈

你上那個學堂
　네샹나거훼탕

你坐那個火輪船
　네쒀나거훠룬찬

你穿那一件衣裳
　네찬나이쪈이쌍

你的帽子
　네거억너디맏쯔

那個是你的帽子

뎌것이죳소죳치안소
로형이뎌것을요구ᄒ시요
로형이뎌것을사랑ᄒ시오
로형이뎌글을읽으시오
로형이뎌학당에가시오
로형이뎌륜션에타시오
로형이엇던의복을입으시오
뎌것은로형의모ᄌ오

第九課 連語 (答)

第十課 連語 (問答)

這個很好 져거혼핳 이것이믹우죳소
我愛這個 워이져거 나는이것을조와ᄒᆞ오
我要這個 워얏져거 나는이것을요구ᄒᆞ오
我念這個書 워볜져거슈 나는이척을익소
我上外國語學堂 워쌍왜궈위쒸탕 나는외국어학교에가오
我坐山東丸 워쭤싼동완 나는산동환을타오
我穿夏景天的衣裳 워촨쌰징텐듸이상 나는여름옷을입소
這個是我的帽子 져거시워듸맛으 이것은내모쟈오
先生愨淸早 쎈셩닌칭짜 션셩일슴니다

第十一課 連語 （問答）

您好啊 닌하오아 로형엇더ㅎ시오

我好謝謝您 워하오쎄ㅅ쎄닌 고맙소나는죳습니다

您愛吃烟歷 닌아이치옌마 로형담비먹기질기심닛가

我不愛吃烟 워부아이치옌 나는담비잡숩기질기지안소

貴店裏生意很好 궤뎬리씽이흔하오 貴店内싱게는미우죳소

我店裏生意很好 워뎬리씽이흔하오 店裏싱게는미우죳소

您因爲甚麼來呢 닌인웨선마래늬 로형무슨일로오셧습닛가

我來問候您 워래원휘닌 나는로형심방ᄒ러왓소

您納貴姓 닌나꿰싱 뉘되이시오

第十二課 連語 (問答)

貴姓張　 너성은쟝가오
今年幾歲　 금년에나이멋이오
到了三十歲　 나는삼십세되엿슴니
有幾位兄弟　 멋분아오가게시오
我有一個哥哥　 나는형님훈분잇슴니다
貴處是那一省　 어느도에사르시오
敝處京畿道城　 나는경긔도셩에사옵니다
貴處是那裏　 너터이시오
賤姓李　 쳔셩은리가오

第十三課　連語 (問答)

貴處是甚麼地方　　로 형어느지방에계시오
做處張家口　　　　나는張家동닉에잇슴니다
到京來有甚麼貴幹　서울오심은무슨일이잇슴닛가
我是賣貨來了　　　나는물건팔너왓슴니다
儞販來的是甚麼貨物　팔너오신것은무슨눌건이오
我販來的是皮貨　　나팔너온것은피물이올시다
儞在那兒住着了　　로형어듸서유숙ᄒ시오
我在城外頭店裏住着了　城外客店內에셔留宿ᄒ오

尊姓大名　　　　　尊姓과大名은무엇이오

第十四課　連語（問答）

我賤姓金官名叫道一　쳔셩은金이오쯘명은道一이오

貴昆仲幾位　雁行이몃분이오

我們弟兄三個　나는三兄弟올시다

貴甲子　로형무슨셩이시오

我還小哪今年二十九歲　아즉몃살안되엿소今年二十九歲올시다

恭喜在哪兒　營業은어듸서호시오

我在京城做買賣　경셩에서쟝사홉니다

請問寶號　商號가무엇이오

小號泰昌　小號가泰昌이올시다

府上都好啊
托福托福倒很好
您幾時到敝處
我到此地不過是一個月
這一向少見了
多謝多謝
請坐喝茶罷
您現在何處去
我去候我的朋友
您回去都替我請問好

딕니가다얼안녕ᄒᆞ시오
덕택으로잘잇슴니다
로형幾時에여긔오셧슴니가
니가此地에온시不過一個月이오
요시이못뵈엿소
안즈시오, 차마스시오
고맙슴니다
니가지금어듸로가시오
나는친구심방가옵니다
로형가시거든모다안부좀ᄒᆞ여쥬시오

第十五課　連語（問答）

是我國去都替倆說
(시 워 훼 취 두 틔 냐 숴)
네, 나도라가거든 로형의 안부젼 호오리다

這是那兒
(져스나―얼)
여긔가어듸오닛가

這是火車站
(져스 쳐잔)
여긔는 停車場이오

您上那兒去了
(닌샹 나얼 취랴)
나는 博覽會보려갓셧슴닛가

我看博覽會去了
(워칸 보란 훼 취랴)
나는 博覽會보려갓셧슴니다

您打那兒來
(닌다 나얼 라이)
로형어듸로브터 오셧소

我打家裏來
(워다 쟈리 라이)
나는 집으로브터 왓슴니다

您多喒去
(닌 뒤 짠 취)
로형언제가시려 호오

我明天去
(워 밍 텬 취)
나는 뢰일가겟소

第十六課　連語（問答）

您多喒回來的　로형언제도라오셧소
我昨天回來的　나는어제도라왓소
這是多喒買的　이것은언제산것이오
這是今年買的　이것은금년에산것이오
多喒開船　　　언제出帆ᄒ닛가
明兒早起開船　닉일아츰에出帆ᄒ오
有多小里地　　멋라나되오
有三十五里地　三十五里올시다
這是多少錢　　어것은갑시울마오닛가

連語　15

這是十塊洋錢　이것은 洋錢十圓이오

個要幾個　로형은 몃키나 쓰시려호오

我要兩個　나는 두기 쓰겟소

有幾個人　몃사람 잇슴닛가

有五個人　다섯사람 잇슴니다

學生有多少人　학성은 몃이나 잇슴닛가

有五十個人　五十人 잇슴니다

您學了多少日子　로형몃날이나 비 오셧슴닛가

我學了八個月　나는 륙기월비 왓슴니다

現在明治多少年　지금은 明治몃히 오닛가

第十七課　連語（問答）

現在明治四十四年
쎈쩌잉밍쯔시쓰쓰녠
지금은 明治四十四年이오

他是三十四歲
타이쌴시쓰쎄
져는 三十四歲오

他有多大歲數兒
타요뒤쎄쉐수얼
져는 멧살이오닛가

有多大尺寸
요뒤쎄츠춘
져 멧자멧치나되오

有三尺七寸
요싼최치춘
三尺七寸이올시다

還有多大工夫
해요뒤쎄꽁부
아즉얼마콤時間이잇슴닛가

還有一點鍾
해요이뎬죵
아즉 一點鐘잇슴니다

這個有多大分量
저거요뒤쎄펀량
이것은얼마콤分量이되오

有三十二斤
요싼쓰얼진
三十二斤이올시다

第十八課　連語（問答）

他怎麼稱呼　　져는무엇이라부르옴닛가
他姓朱　　　　져의셩은쥬가오
天氣怎麼樣　　일긔가엇덧소
是好天氣　　　일긔가좃소
這是怎麼辨好　이것은엇지ᄒᆞ면좃켓소
沒有甚麼法子　아모방법도업소
這個菜怎麼吃　이料理는엇더케먹슴닛가
擱一點兒淸醬吃　조곰잔장쳐셔먹소
你怎麼不喝酒　로형은우이슐을아니마스시오

連 語

我不愛喝酒 워부애히쥬
他怎麽不來 타전마부래
他出外去了 타츄왜취라
他爲甚麽哭 타웨선마쿠
他兄弟死了 타쓩듸쓰라
爲甚麽不買 웨선마부미
東西不好 둥시부핟
爲甚麽不辨 웨선마부빤
沒有工夫 메우꿍부
懇哥哥在家麽 늬써꺼쩌쟈마

나는술마시기를조와ᄒᆞ지안소
져는우의오지안소
져는출타ᄒᆞ엿소
져는우의우름닛가
져의동싱이쥭엇소
우의사자안소
물건이조치안소
우의ᄒᆞ지안슴닛가
시간이업슴니다
빅씨눈집에게시오

第十九課 連語 (問答)

現在他不在家
쎈쩌타부째쟈
지금 그가 집에 업슴니다

今兒上學堂去麽
진얼샹쉐탕취마
오늘은 학당에 가심닛가

今兒我不去
진얼워부취
오늘은 나는 가지 안소

懂會說中國話麽
윙회쉐즁궈화마
로형, 한어 할줄 아르사오

我會一點兒不多
워회이댄얼부둬
나는 조곰밧게는 모르오

懂是王先生不是
딍싀왕쎈졍부싀
로형王先生 아니시오

是、我姓王
싀, 워싱왕
네, 닉셩은 王가오

他是法國人不是
타싀파궈신부싀
져는 法人이아니오닛가

不是、他是俄國人
부싀, 타싀어궈신
아니오 져는 露人이오

連語

這是愿買來的不是，不是,是借來的
愿去不去
我不去
今天他來不來
他一定來
苦酒愿喝不喝
我不要
這個愿給我不給我
可以給愿

이것은로형이사온것이아니오닛가
아니오,이것은비러온것이오
로형가시랴ᄒᆞ오아니가시려ᄒᆞ오
나는아니가겟소
오날져는옵닛가아니옵닛가
져는쏙오지오
믹쥬는로형잡슈심닛가
나는원치안소
이것을로형나에게쥬사랴오
로형에게드리지오

第二十課 連語 (問答)

道兒怎知道不知道　단얼즌지단부지단　길은로형아심닉가

我不知道兒　워부지단얼　나는길을모르오

您現在睡覺不睡覺　닌쎈짜이쉐이쟢부쉐이쟢　로형지금쥬무심닛가

我還不睡覺　워해부쉐이쟢　나는아즉자지안소

您認得他不認得　닌런더타부런더　로형져사롬을아심닛가

我認得他　워런더타　나는져를아오

他來了沒有　타래라메우　져는왓슴닛가

他已經來了　타이징래라　저는발셔왓슴니다

他的病好了沒有　타듸빙핟라메우　져의병이낫슴닛가

第二十一課 動詞用法

現在

還沒好　　　아즉낫지안소

事情辦完了沒有　　　일은맛초엇슴닛가

已經都辦完了　　　발셔다맛초엇슴니다

嚷吃飯了沒有　　　로형진지잡슈셧슴닛가

我還沒吃　　　나는아즉먹지아니ㅎ엿소

寫着字　　　글씨를쓴다

看着書　　　글을본다

吃着飯　　　밥을먹는다

吃着麵包　　　면보를먹는다

喝着酒　　　술을마신다

帶着表　　　시게를찬다

過去

| | | |
他去了　타취러　제가갓다
他回家去了　타회쟈취러　제가집에도라갓다
月亮上來了　웨량쌍라이러　달이올나왓다
天陰起來了　텐인치라이러　날이흐렷다
昨天下雨了　줘텐쌰위러　어제비왓다

吃了飯　츠라빤　밥을먹엇다
着了凉　쟈라량　감긔드럿다
打了人　다라신　사람을씨다
受了傷　쎠라썅　어더마젓다
吃了麵　츠라멘　국슈를먹엇다

經過事

到過京城　단궈징쳥　경셩갓셧다
做過買賣　쒀궈매미　쟝사ᄒ엿다
見過他一回　켄궈타이회　한번저를만낫셧다

連語 24

當過一回敎習 땅궈이회 쟌싀
　　　　　　　　　한번敎授지닛셧다

未來

偺們要回去 쟌먼얗회취
　　　　　　　　밤에는되겟다

他明天要走 타밍텐얗쩍
　　　　　　　　잇다가개이겟다

今天要下雨 진텐얗쌰위
　　　　　　　　오날비가오겟다

回頭可以晴 회투커이칭
　　　　　　　　져는티일떠나랴ᄒᆞ오

晚上可以得 완썅커이더
　　　　　　　　우리도라가고조흠니다

未來推量

他快要來 타콰이얗라이
　　　　　　　　져는곳오겟지

他快要走 타콰이얗쩍
　　　　　　　　져는곳가겟지

第二十二課　連語 (天氣)

風快住了　풍쾌주라　바롬은곳굿치겟지

火快滅了　훠쾌메라　불은곳꺼지겟지

快要下雨　쾌야쌰위　곳비가오겟지

快要開車　쾌야캐쳐　곳긔차가떠나겟지

月亮快出來了　웨량쾌츄라이러　달이곳나오겟지

時候兒快到了　시훠얼쾌땃라　시후가곳니르겟지

今兒天氣好　진얼텐치핲　오날은일긔가좃소

天氣怎麼樣　텬치쩐마양　일긔가웃더호오

天氣沒準兒　텬치메츈얼　일긔가고르지못호오

連語

天氣很悶 　일긔가답답ㅎ오
外頭颳風了　밧게바람이부오
我想怕下雨　내싱각에비가올듯ㅎ오
今兒早起打雷了　오날아참에던동ㅎ엿소
外頭土大得很　밧게몬지가틔단ㅎ오
太陽冒嘴兒　히가돗슴니다
太陽平西了　히양(해)가지옴니다
月亮很好　달이믹우죳소
沒有一點兒雲彩　구름한졈업소
夜景比白天還好　밤경치가낫보담죳소

第二十三課 連語 (時節)

天氣漸漸暖起來
일긔가 졈졈 따듯ᄒᆞ여 옵니다

這兩天連着下雨
요시 이늘 비가 옵니다

你喜歡那季兒
로형 어느 졀긔를 조와ᄒᆞ시오

我喜歡春天和秋天
나는 봄과 가을을 조와ᄒᆞ오

我最怕的是冬天
나는 가장 두려운 것이 겨울이오

夏天是天長
여름은 히가 기오

冬天是天短
겨울은 히가 짤소

快到春天了
발셔 봄 되엿슴니다

草木都發芽兒了
초목이 다 싹이 텃슴니다

第二十四課 連語 (年賀)

今兒颱風花都謝了
오날바람에꼿이다쩌러졋소

現在幾點鍾
지금멧시오닛가

剛打了四點鍾
겨우녁뎜쳣슴니다

一天是幾點鍾
하로가멧시오닛가

一天是二十四點鍾
로하가이십사시오

你的表有幾點鍾了
형시게는멧시되엿소

過了十點半鍾
十時半지낫슴니다

過了晌午了麼
午正이지낫슴니가

是現在打了號砲了
네、지금오포를노앗슴니다

新禧新禧
同喜同喜
府上過年都好啊
托福都好憹府上也都好
托福・托福
憹還沒出去
我一家兒還沒去拜年㖿、打算過了初三再出去
怎麼樣、敬憹一杯屠蘇酒罷

새히감츅ᄒ오이다
피차업소감츅ᄒ오이다
ᄃᆡᆨ에셔는환셰들잘ᄒ셧슴니가
네、ᄃᆡᆨ으로잘ᄒ엿슴니다
ᄃᆡᆨ에셔도다잘ᄒ셧슴닛가
덕퇵으로고맙슴니다
로형은아즉셰비아니다녀심닛가
나는한집도아즉못갓소초삼일지나거든나아가겟소
웃덧소、로형게도소쥬ᄒ잔드리겟소

別費心了若到一個地方兒喝一回酒實在受不了、喝茶就很好了
고만두시오, 어듸를 가든지 술한 변식먹으니 참못밧겟소, 차나 마시면미우죳소

那麼着、現在已經到了吃飯的時候兒了請在這兒吃晌飯罷、有現成兒的餃子
그러호면지금졈심떡가되엿스니 여긔셔뎜심이나잡숩시다맛참 한셕국이잇스니

那好極了我就不客氣
미우죳소샤양아니흡니다

第二十五課 連語 (避暑)

你們的學堂打多暗歇伏
너든의 학교에셔는은제브터夏期休暇가되음닛가

打六月初四起
六月初四日브터올시다

連語 31

歇多少日子
到八月初三、整歇兩個月了
麼
在京城住些日子避暑去
儞每年放學的時候兒出去避署去
儞每年到甚麼地方兒避暑去呢
沒有一定的地方兒每年想到邦兒

멋철휴가오닛가
팔월초삼일석지싁두달휴가올시다
로형은경성에셔지닉고반은피셔ᄒᆞ러나가심닛가
로형은미년방학동안에피셔ᄒᆞ러가심닛가
로형민년어느다방으로피셔ᄒᆞ러가심닛가
일정혼디방은업소미년가고십푼

連語

就到那兒去

個是喜歡靠海的地方兒啊，還是喜歡山裏頭呢

我是喜歡靠海的地方兒

頂愛洗海水澡麽

在海邊兒的時候再沒有比洗海水澡痛快的了

聽說溫陽那兒有溫泉是有，那兒風景實在好極了

那麽，今年那個地方兒，我都去

곳이면그리가옴니다

로형은海岸이좃슴닛가山中이좃슴닛가

나는海岸이좃소

로형海水浴조와ᄒᆞ심닛가

海岸에잇슬ᄯᅢ는海水浴갓치조흔것은다시비홀데업소

드르니, 溫陽에溫泉이잇다구려

네잇소, 거긔風景은참조치오

그러ᄒᆞ면今年겨디방에우리다갑

第二十六課 連語 (出外)

很好、偺們一塊兒走
罷
聽說价出外去
是這月底要起身
行李都齊截了沒有
大概裝好了
道路怎麼樣
到處都可以馬車通行
价要走早路呢

미우죳소우리ㅎ가지로갑시다
드르니로형出他ㅎ신다지오
네、이달금음에가려홈니다
힝샹은다졍돈ㅎ엿슴니가
대강졍돈ㅎ엿슴니다
길은웃더홈닛가
모도다마챠가통홀만ㅎ오
로형륙디로가시오

語　連　34

是、我想要坐火輪車
火輪車幾點鍾開呢
每一點鍾就開
候車房在那兒
候車房在西邊兒
這個火車頭叫甚麼
這個車站就是開城
車票已經買了麼
打發底下人已經買了
幾天可以到麼

네, 나는화챠타고가려호오
화챠는몃시에떠남닛가
한뎜마다떠남니다
대합실은어듸잇슴닛가
대합실은셔쪽에잇소
이뎡거쟝일홈은무엇이오닛가
이뎡거쟝은開城이오
챠표는발셔샀슴닛가
하인시겨셔발셔샀슴니다
몃철이면도달호겟슴닛가

一天就可以到
ᄒ로면도달ᄒ터이오

第二十七課　連語（賞景）

現在早晚兒所凉起來了
지금은아침저녁이미우션션ᄒ오

不錯、正是秋天的好時候兒
그럿소、완구히가을조흔시후올 이다

每到了秋天、心裏爽快我就想旅行去
미양가을이되면心裏가爽快ᄒ야 나는旅行ᄒ고십소

懚上金剛山去過麽
로형금강산가보앗소

是、去過幾遭、懚也打筭到金剛山
네、몟번갓셧지오、로형도金剛山

36 連語

山去一盪麽
쌴취이탕마

是,一向所沒有上金剛去的機會今年總想着得去一盪

那好極了，適現在去正是看楓葉的時候兒

上金剛山的人大概都到楡站寺、

楡站寺離京城有幾里地呢

有五百里多

에 한번 가실터이오닛가

네、지금석지 金剛에 갈괴회가업 섯는고로 今年은엇지든지 한번 가려고싱각하오

그것은미우좃소、로형지금가시면맛춤단풍볼때 올시다

金删山가는사롬이 대개 모다 유뎜 사에니르니、유뎜사는 경성셔 멋리나됨닛가

五百餘里나됨니다

第二十八課　連語　(天長節)

那條山路很難走麼
져 산길은 미우 험쥰ㅎ지오

山路不算難走
산길은 파이 험쥰치 안소

一路上的風景怎麼樣
途中의 경치는 엇더ㅎ오닛가

風景實在是好、山上的樹木山石的樣子很有趣兒、還可以看萬瀑洞裏瀑布、並且現在去山上的楓葉都紅了非常的好看
경치는 미우 좃소、山上의 樹木과 山石의 모양이 미우 취미가 잇고 또 萬瀑洞의 폭포가 볼만ㅎ고 그 우에 요시이 잔즉 산상의 단풍이 다 붉어셔 보기 미우 좃습니다

今兒外頭家家門口兒都掛旗子哪
오날에는 집마다 국긔를 다렷구

不錯、今兒是十一月初三、是天長節
天長節是甚麼節呢
就是貴國的萬壽節、是皇上的壽誕日
是的、日本的皇帝今年高壽了
今年六十歲了
聽說是天聰最高
不錯、很有天聰、並且很知道下民

그럿소、오날은 十一月初三日인디 天長節이올시다
텬장졀은무슨츅일이오닛가
貴國으로는 萬壽節인디 天皇陛下의 誕生日이올시다
그럿소、日本皇帝陛下는 今年에 春秋가 얼마시오
今年에 六十歲시오
드르니 天聰이 미우놉흐시다지오
그럿소 미우 총명호시고 또 下民의

的事情、左右的官都敬畏他
쓰칭 위으 관 쟉 징웨타
사정을잘살피사左右의臣子가
다敬畏홈니다

是的 今兒是實在可賀的日子、街
上有甚麽熱鬧沒有
쓰띠 진얼쓰시째커허디시으제 쌍우슴마서란메우
그릿습닛가오날은춤경사로온늘
이오街上에무슨번화홈이잇슴
니가

每年今兒早起有練操、皇上到青
山練塲、親閱軍隊哪
메녠진얼잔치우렌앗 황쌍땃칭샨텐창 친웨쥔뒈나
每年오늘아춤은觀兵式이잇셔陛
下셔셔는青山練兵塲에나아가
셔셔軍隊를御覽ᄒ심니다

第二十九課 連語 (歲末)

快到年底了
콰이단녠듸라
발셔歲末이되엿슴니다

不錯、又過了一年了
부취 우궈라이녠라
그럿소、쏘 一年 지낫슴니다

日子過的很快
시즈궈듸혼쾌
日子 지나는것은 미우 속ᄒᆞ구려

實在是的、一焂兒就是一年
시자의싀이 항얼작읙이녠
참그럿소、잠간ᄉᆞ이에 일년이지 낫소

年年兒甚麽事也沒做就過去了很可惜
녠녠얼슴마쏘에 메이주어취취라 혼커시
히마다 아무일도 못ᄒᆞ고 지닉니미 우가셕ᄒᆞ오

那兒的話呢、今年儞的中國話很有進益的了
나얼듸화니 진녠늬듕궈화 혼유진이듸라
그러치안소、今年에 로형의 支那語 눈 미우잔보ᄒᆞ셧겟지오

過獎過獎
궈쟝궈쟝
너무쟈랑ᄒᆞ심니다

這兒的年底下和貴國的年底下差
저열듸녜듸쌰히ᄒᆡ 궈듸녜듸쌰차
이곳歲末과 귀국歲末과는 미우다

多了罷

大概的樣子不差甚麼了

學堂也放學麼

那是自然的、學堂是打臘月二十
前後起放學

年底送禮的事情有沒有

有、送的是猪羊鷄鴨甚麼的

三十兒的光景怎麼樣

那天是不論買賣家和往家兒的都

르지오

대개는갓슴니다

학교에도방학홈닛가

그것은自然이오學校는十二月二十日前後면방학홈니다

셰말에셰찬ᄒᆞ는일이잇슴닛가

잇소、셰찬은猪、羊、鷄、鴨等으로홈니다

除夕의光景은웃더홈닛가

그날은장사집이나예사집이나물

是很忙夜裏都不睡覺到十二點鍾有迎神辭歲的事情

론ᄒᆞ고모도미우밧부오, 밤에도자지안소, 그리ᄒᆞ고十二時가되면神을迎ᄒᆞ야歲를辭ᄒᆞᄂᆞᆫ일이잇소

第三十課　連語（訪問）

今日我們兩人是專誠來拜望閣下
오늘우리두사람이젼위ᄒᆞ야각하ᄭᅴ 뵈오러왓슴니다

你們二位怎麼稱呼
두분은뉘시오닛가

我姓田他姓車
내성은뎐가오졔성은차가오

勞二位的駕請坐請坐
두분슈고ᄒᆞ셧슴니다 안즈시오

是、幾時到的此處
그렷소、은졔여긔오셧소

43　　　語　　　連

我們是昨天到的
우리는어제왓슴니다

住在那兒了
어듸셔유숙ᄒ시오

往在這東關泰豐店裏頭了
東關泰豐店안에셔유숙홈니다

閣下在敝國有幾年了
각하는우리나라에계신지몟히오

我在貴國有五年了
나는귀국에잇슨지五年이오

這位在敝國有幾年了
져분은우리나라에게신지몟히오

他來了不過纔半年
져온지는불과반년이오

他通曉敝國的語言麼
져는우리나라말은아심닛가

他不通曉、還沒學話
져는모르오아즉말을아니비웟소

你們二位是到此處游歷來了還是
로형두분이여긔오심은游歷으로

名 詞　44

우ᇰ궁에니
有公事呢
메우궁에부퀀단츠래우리
沒有公事不過到此來游歷

오셧소무슨公事가잇셔오셧소
공ᄉᆞ눈업슴니다여긔오기
游歷이올시다

第三十一課 詞名 (天文)

天 텬　하늘
雨 위　비
雷 레　우뢰
霜 쌍　셔리
電 뎬　번개
雲彩 원채　구룸
星星 싱싱　별
虹 ᄉᆞᆼ　무지개
霧 우　안개
天氣 텬치　일긔
月亮 웨량　달
風 ᅄᅡᆼ　바람
露水 루쉐　이슬
風圈 ᅄᅡᆼ찬　달무리
太陽 태양　태양
　　　　　 雹子 ᄇᅶᄉᆞ　우박

第三十二課 名詞 (地文)

地 띠　ᄯᅡ
海 해　바다
嶺 링　고개
岸上 안샹　언덕

第二十三課 名詞（各種）

漢字	한글	漢字	한글	漢字	한글
山	산	火山	화산	身體	신톄
平原	평원	眼睛	안졍
沙漠	사막	頭髮	두발
水田	논	耳朶	귀
湖	호슈	氷	어름	牙	어금니
泉	시암	腰	허리
大洋	대양	手	손
草地	초디	肚	비
河	내	溫泉	온천	指頭	손가락
海潮	물결	臉	쌤
波浪	물결	嘴	입
池子	연못	肚子	비
海島	섬	瀑布	폭포	腦子	뇌
大道	큰길	手掌	손바닥
石頭	돌	拳頭	주먹
沙灘	여울	手甲	손톱

名詞　46

鬍子 후ㅉ	脊梁 지량	嗓子 쌍쯔	眉毛 메마오	喉嚨 후룽	胃 웨	肺 폐	腎 신	腿 퇴	血 쳬
슈염	쳑량	목	눈섭	목구멍	위	폐	신	퇴	피

脚 쌰오	肝 간	腸子 창쯔	肘子 쥬쯔	穀道 구따오	脂膏 지까오	瘊子 허우쯔	骨頭 구허우	帽子 마오쯔	衣裳 이쌍
다리	간	창자	팔	공문이	기름	사마귀	뼈	사모	의상

褲子 큐쯔	汗衫 한산	手套 쎠우타오	袖子 슈쯔	綢子 처우쯔	綾子 링쯔	緞子 딴쯔	肚帶 두대	領子 링쯔	綿花 멘화
바지	한솜	쟝갑	소미	주	릉	단	비씌	깃	면화

孝服 쌴부	桌子 쥐쯔	椅子 이쯔	手巾 쎠우진	鑰匙 야오츼	胰子 이쯔	匣子 쌰쯔	柴火 처훠	熨斗 윈허우	煤 메
샹복	탁쥬	교의	슈건	열쇠	비루	갑	쟝작	다리미	石炭

47　名　詞

酒瓶_{쥬평}	雨傘_{위산}	旱烟_{한연}	扇子_{션쯔}	枕頭_{젼터우}	橙子_{성쯔}	蓆子_{시쯔}	水缸_{쉐이상} 물항아리	油燈_{위덩}	俵_빤
술병	우산	담비	붓체	벼기	등상	자리		유등	섬

鑷子_{네쯔}	木板_{무반}	鍬子_{칙쯔}	斧子_{부쯔}	木桶_{무퉁}	繩子_{셩쯔}	刨子_{판쯔}	釘子_{딩쯔}	針_젼	鋤子_{추쯔}
족지게	목판	광이	독긔	노	터피	못	침	호믜	

刀子_{딴쯔}	筷子_{쾌쯔}	匙子_{칙쯔}	碟子_{데쯔}	盤子_{판쯔}	鉸剪_{쟌젼}	篩子_{새쯔}	菜刀_{채딴}	杵子_{쥬쯔}	碓子_{웨쯔}
갈	져	숫갈	디졉	소반	가위	체	칙도	공이	졀구

書_슈	筆_베	紙_즈	茶壺_{차후}	酒盃_{쥭베}	海碗_{해완}	醬缸_{쟝상}	飯桶_{앤퉁}	茶碗_{차완}	瓶_핑
척	붓	조희	차병	술잔	디졉	쟝항아리	밥통	차완	병

名 詞 48

墨 머ㄱ	硯合 옌터	石板 시반	鉛筆 쳰삐	信紙 신즈	老虎 랏후	豹子 밧으	狗熊 꺼훙	駱駝 뤄퉈	象 샹
먹	벼루	석판	연필	편지지	호랑이	표범	곰	약티	코끼리

猫 마오	牛 뉴	鳥 냐오	魚 위	虫 훙	羊 양	鳳凰 펑황	鴿子 꺼으	耗子 하오으	仙鶴 쳰허
고양이	소	새	싱션	버레	양	봉황	비둘이	쥐	학

公鷄 꿍지	鷹 잉	獅子 쓰으	老鵰 랏댜오	燕子 옌으	野鷄 예지	馬 마	猪 쥬	孔雀 쿵챤	鴨子 야으
슈둙	기럭이	사지	솔기	제비	뎡	말	도야지	공작	오리

鷹 잉리	狐狸 후리	鹿 루	老鵰 랏댜오	鯽魚 지위	蛤蜊 하리	鮑魚 빳위	蠶虫 잔충	蜜蜂 미펑	喜鵲 시챤
미	호리	스슴	황시	부어	굴	전복	누에	벌	석치

名詞 49

蟒머위	墨魚위	蜘蛛쥬	蒼蠅잉	蚊子으	蝴蝶후데얼兒	鯨魚위장	沙魚위사	虱子쓰시	火鷄훠지
대망	오중어	거믜	파리	모긔	나뷔	고리	사어	이	철면조

螞蟻마이	蜘蟮취산	蠹魚子두위쯔좀	王八왕빠	長蟲창훙	臭蟲쳔훙	蜈蚣우궁	蝎子쎄으	樹木슈무	草찬
기암이	지룡이	거북	빈암	빈듸	진에	빈듸	나무	풀

梅子메으	松樹쑹슈	李子리으	柿子시으	橘子시위	柘榴시류	櫻桃잉찬	枇杷피바	栗子리으	核桃허찬	棗兒잔얼
민화	솔	오얏	감	굴	셕류	잉도	비파	밤	호도	디초

梅子메으	松樹쑹슈	竹쥬	李子리으	玟瑰메괴	牧丹무단	水仙쉐셴	菊花쥐화	藕花어화	海棠해탕
민화	솔	듸	오얏	장미	목단	슈션	국환	연	히당

名詞 50

蘭花 난화	百合 백허	佛手 약쎡	柚子 위으	葱 충	芹菜 친쳬	芋頭 위뤽	黃瓜 황파	皇上 황썅
난초	빅합	불슈	유즈	파	미나리	토란	외	황상

甜瓜 텬파	蒜頭 쏸튀	洋葱 양충	白薯 비쥬	金 진	銀 인	銅 퉁	鐵 례	祖宗 쥬중
참외	마눌	양파	감즈	금	은	구리	쇠	조상

鋼 쌍	鉛 롄	珠子 쥬쯔	水銀 쉐인	雲石 윈시	岩石 앤시	瑪瑙 마노	礦 쾅	兒子 얼쯔
강철	납	구슬	수은	운셕	바위	마노	딕포	아들

槍 창	砲船 판찬	彈子 탄쯔	山砲 쌴판	喇叭 라빠	箭 쟨	地雷 듸레	東家 둥쟈	妹妹 메메
총	포션	탄즈	산포	라발	살	디뢰	쥬인	뉘의동싱

名詞短語

漢字	한글 음
皇后 (횡허우)	황후
太子 (래즈)	퇴즈
太子妃 (퇴즈비)	퇴즈비
王爺 (왕예)	왕
父母 (부무)	부모
丈夫 (장후)	장부

爺爺 (예예)	아비
奶奶 (내내)	어미
父親 (부친)	부친
母親 (무친)	모친
公公 (궁궁)	장인
夫人 (후인)	부인

兄弟 (숑의)	형제
弟兄 (의숑)	형제
姐姐 (제제)	저저
哥哥 (꺼꺼)	형
男子 (난즈)	남즈
朋友 (펑우)	친구

叔叔 (수수)	아자비
姑姑 (꾸꾸)	빅모
姪兒 (지얼)	족하
女婿 (뉘쉬)	사위
婦女 (후뉘)	부녀
賤內 (젠네)	안히

第三十二課 短語

不像個樣 (부썅거양) 갓지안소

不好着相 (부하져썅) 보기실소

爽快得很 (솽쾌더훈) 미우상쾌호오

打掃乾淨 (따싸오깐징) 셰갓호게쓰오

不要着惱 (부얏잔나오) 염녀홀것업소

心腸不妙 (신창부먀오) 마음이고약호다

短語形容詞

沒有臉面 메역롄멘 자미업소
說得有理 쉬더유리 유리흔말솜이오
不要喧鬧 부얍쓴낲 써들지마시오
不必惹他 부쎄서타 져를방히마시오
不曾吃 부정치 아즉안먹엇소
剛纔吃 샹치치 지금먹엇소
喝不得 허부더 먹을슈업소
肚裏餓 두리어 비곱흐다
用不彀 용부꺼 부족ᄒ다

誰教你 쉬쟈늬 누가로형을가라쳣소
往那兒 왕나얼 어듸가오
不得閒 부더ᄒ젠 틈이업소
不在家 부제쟈 집에잇지안소
不耐煩 부내앤 견딜슈업소
滿口湖說 만쿼후쉐 거줏말ᄒ오
和你無干 허늬우간 로형게잔셥업소

第三十四課 形容詞

高高的 챠챠디 놉흔것
長長的 챵챵디 긴것

第三十五課　連語（歇工）

厚厚的	두터운것
好好的	조혼것
竦竦的	미운것
淡淡的	싱거운것
甜甜的	단것
澁澁的	떫우것
大大的	큰것
小小的	적우것

稀稀的	드믄것
瘦瘦的	파리혼것
軟軟的	연혼것
鹹鹹的	짠것
苦苦的	쓴것
香香的	향닉나는것
乾乾的	마른것
臭臭的	닉시나난것

今兒是幾兒了　오늘은 몃철이오

第三十六課　連語（衣服）

今兒個是三月初十
오늘은삼월초십일이오

明天是禮拜
릭일은공일이오

是明兒一天歇工了
네 릭일흥로는놀겟소

禮拜日做何消遣
공일놀은무엇을흥시오

沒甚麼事大槪逛逛去
흥논것업소 틱개구경가오

你多咱有工夫兒
은제시간이잇소

你願意去偺們就去
로형이가시려면우리곳감시다

偺們上那兒呢
우리어틱로구경가려오

我那地方兒都可以
어듸든지다죳소

55　連語

你的成衣舖在那兒　로형衣服店이어듸잇소

在這胡同兒路南了　이골목길남쪽에잇소

我要做一奎衣裳　내가옷흔벌지으려ᄒ오

那麽量一量尺寸　그러면견양을닙시다

給我看看尺寸單子　쳑슈표본을좀뵈시오

你按着這個單子衣罷　이표본을보아셔만드시오

這衭子太短了　이저구리는너무짤소

這是時興的　이것은시쳬것이오

這個衣裳不合式　이옷은졔당치안소

是、袖子太長了　네、소미가너무기럿소

第三十七課　連語（飲食）

連語	
天不早了你快起來罷	늣젓소、얼는이러나시오
火爐子攔好了麽	난로를잘노앗소
打洗臉水來罷	셰슈물떠오시오
臉水打來了	셰슈물떠왓슴니다
把擦臉手巾拿來	셰슈슈건가져오시오
刀子匙子在那兒	갈과슈져눈어듸잇소
都在水桶裏了	모다슈동안에잇슴니다
酒菜都擺好了麽	酒、菜를다쥰비ᄒᆞ엿슴닛가
都預備好了	다、잘、쥰비ᄒᆞ엿슴니다

第二十八課　連語 (續)

芥末和白鹽遞給我　겨자와 소금을 좀 갓다 쥬시오
阿、我忘了拿了　아、내가 가져올 것을 이젓슴니다
沏茶來罷　차 담아 오시오
這酒很冷快湯酒來　이 술이 믜우 차니 얼는 식려 오사오
給我菜單子拿來　료리발긔를 나에게 갓다 쥬시오
這是其麽湯　이것은 무슨 탕이오
這是猪肉做的湯　이것은 도야지고기로 만든 탕이오
這肉不新鮮換來罷　이 고기가 신션치 못하니 밧구어 오시오
這是今兒新宰的　이것은 오늘 새로 잡은 것이오

第三十九課 連語 （客店）

連語

再用點兒湯麼　이융뎬얼탕마　국좀더잡슈시려호시오
已經吃飽了　이징치빤라　잔득먹엇슴니다
吃完了都拿下去　치완라두나쌰취　다먹엇소모도가져가시오
開水倒來了請擦一擦　캐쒜다래라칭차이차　물가져왓소씨스시오
那邊有好客店沒有　나볜우핫커뎬메우　져긔조흔킥뎜이잇슴닛가
有好幾家　우핫지쟈　조흔집멧잇슴니다
頂大的客棧叫甚麼　뎡따듸커잔쟌마　셕큰킥뎜은무엇이라부르오
叫第一樓　쨔듸이러우　데일루라부르오
這客機房子也大院子也不少　져커잔앵쯔에쎠웬쯔에부샾　이킥뎜은방도크고집도젹지안소

第四十課 連語 (官訪)

舖盖等類都有麼
푸왜덩뤼두워마
이부자리가다잇슴닛가

乾淨的舖盖預備了
산징듸푸왜뤼위베러
새깟흔이부자리가잇슴니다

店裏有澡堂没有
뎬리유짣탕메유
뎜속에목욕탕이잇슴닛가

有、在樓下院子左邊兒
유、지럭쌰웬즈줘볜얼
잇소、루아릭좌편에잇슴니다

一宿多小價錢
이쌱뒤쌰쨔쳰
호로유슉호는데갑이얼마오

一宿頭等三塊洋錢
이쌱텅덩싼쾌양쳰
호로유슉호는데상등에삼원이오

大人這一向好
따신져이썅하
디인요사이웃더시오닛가

托福托福、閣下一向可好
퉈부퉈부、거쌰이썅커하
덕턱이올시다, 각하도일향좃슴닛가

承問承問
쳥운쳥운
무르시니감사호오이다

閣下請坐
大人請坐
閣下這一向公事忙不忙
公事倒不甚多
閣下今日到此有何公事有諭
沒有公事
我今兒來、一來是回拜大人、二來是給大人謝步
豈敢、閣下實在是多禮

각하안즈시오
되인안즈시오
각하는요사이공소나밧부지안슴닛가
공사는파이만치안슴니다
각하오늘여긔오셧스니무슨공사 말솜훌것이잇슴닛가
공사업슴니다
내오늘오기는쳣지는되인게회비ᄒ고둘지는되인게사ᄒ려왓쇼
쳔만의말솜이오각하는총례가파ᄒ오이다

第四十一課 連語 (問病)

貴恙怎麼了	병환이 좀 엇더ᄒ시오
托懩的福都好了	덕택으로 낫슴니다
他有甚麼病	져는무슨병이 잇소
他覺得喉嚨病	져는목구녕병이 드럿소
現在全癒了麼	지금 다 낫슴닛가
沒有全癒	다 낫지 못ᄒ엿소
聽說他的病治好了	드르니 져의병이 낫다 ᄒ오
我不舒服了	나는 좀 편치 못ᄒ오
偹上病院去請大夫瞧々罷	병원에 가셔 의원에게 뵈시오

第四十二課 連語 (訪友)

我的牙疼的利害
나는 치통으로 못견디겟소

請牙大夫瞧瞧
치의에게뵈시오

借光慇納這店裏住着的有一位張
좀엿쥬어보겟소이쥬막안에게신쟝셔방훈분이잇소

老爺麼
쟝셔방훈분이잇슴닛가

這店裏住着有兩個張老爺了, 慇
此店內에張셔방두분이잇스니로

問的是那一位呀
형누구를무르시오

我問的是起廣東來的那位張老爺
나뭇기는廣東셔오신쟝셔방이오

慇寶號在那兒啊
로형의商店은어티오닛가

我是在城裏頭光明屋果子舖裏
나는城內光明屋菓子舖에잇소

第四十三課 連語 (行商)

張老爺在屋裏了麽有人找儞哪	장셔방방에계시오닛가누가차져왓슴니다
那麽跟我進來罷	그러면나싸러셔오시오
是那一位	누구시오
是我呀儞納	네,나올시다
王掌櫃的儞請屋裏坐罷	왕셔방이시오방으로드러오시오
儞這是解舖子裏來麽	로형젼으로셔오심닛가
是解舖子裏來了	네젼으로셔옵이다
儞請喝茶罷	로형차잡수시오
儞喝罷	로형잡슈시요

連語

兄台倆是多嗎回來的
워형은제도라오셧소
로형은제도라오셧소

我是上月十五回來的
워시쌍웨시우회리듸
나는지난달보름케도라왓소

去了有多少日子
취랴우듸쌰서으
가셔몔칠게섯슴닛가

去了整倆月
취랴정랴웨
가신지꼭두달이오

辦了來的都是甚麽貨呀
빤라리두얼슴아훠야
가져오신것은다무슨물건이오

辦了來的是紙張
빤라리듸얼지장
가져온것은죠희오

貨都賣去了麽
훠두매취랴마
물건은다파릇슴닛가

是都賣去了
스두매취랴
녜, 다파릇소

這回辦來的貨得意罷
저회빤라이듸훠더이바
이번가져오신물건은리가남엇슴닛가

可以的賺了有三四百多兩銀子
커이듸좐라유싼쓰빈둬량인즈
조앗소三百兩이나너무리를남겻슴니다

語 連

好呀這足見是儞的眼力高很甚麽眼力高啊、不過是趕上好行市就是了

第四十四課 連語(續)

懲這今年不出外了麽

上秋還得出外一盪

還上甚麽地方去呀

還得出一盪口

出口去是打筭辦甚麽貨呀

出口是辦皮貨去

감츅호오죡히로형의眼力이미우놉호심을보갯소무슨안력이놉흐요不過시조흔시셰만나셔그럿치오

로형今年은더밧게아니나아가시겟쇼

이가을에쏘훈번밧게나아가겟소

쏘어느지방으로가시려호오

長城外로가겟소

長城外로가시면무슨물건을가지고가시러오

長城外에감은皮貨가지고가오

第四十五課　連語（通刺）

今年皮貨的行市怎麽樣
진녠 피훠의 항시 즘마양
今年皮貨의 시셰는 웃더호오

皮貨的行市大概總是有長無落罷
피훠의 항시 다개 즁시 워 챵우 란바
皮貨의 시셰는 아무리호여 도울나
갓지 뗘러지지 안치오

我現在不開舖子了
워 쎼지 부 캐푸 쯔 랴
로형 쏘 지젼늬 셧지오

儞又開了紙舖了麽
뉘 위 캐랴 지푸 랴마
나는 지금뎐은늬지 아니호엿소

儞們東家在行裏了麽
뉘문 둥쟈 지 항리 라마
로형 主人은 店內에 게심닛가

在樓上寫字哪
지 럽 샹 쎼 쯔 나
樓上에셔 글써 쓰심닉다

去告訴儞們東家說我要見他有
취 깐수 뉘문 둥쟈 쉐 워 얀 졔 타 워
로형 가셔 로형의 主人 보고 내가 와
셔 보고 홀 말솜 잇다고 엿주시오

說話

儞怎麽稱呼啊
늰즘 마 쳥 후 아
로형 누구시오닛가

67　連　語

俪把我這個名片拿上去給他瞧瞧　이명홈갓다가드리면아심니다
他就知道了

東家來了一個中國人、要見俪有　主人님、淸人혼분와셔뵙고말슴
話說、請俪看着名片　　　　　　홀일이잇다고홈니다이명편보
　　　　　　　　　　　　　　　십시오

俪出去告訴他說、我現在忙着寫　너나가셔져더러말ᄒᆞ기를내가지
信哪不能見他、請他改天再來　　금편지를쓰는티밧버셔볼수가
罷　　　　　　　　　　　　　　업스니다른놀오라고ᄒᆞ라

是、我俩東家叫我告訴俪說、他現　네、우리쥬안이로형게말슴ᄒᆞ라
在忙着寫信哪不能見俪、請俪　　기를제가지금밧분편지를쓰는
改天再來罷　　　　　　　　　　고로형불슈가업스니다른놀
　　　　　　　　　　　　　　　오시라ᄒᆞ오

那麼儞回頭告訴東家說就提我見他有要緊的事情商量，請他明兒晌午務必在家等我

是了，我回頭替儞說罷

第四十六課 連語（收穫）

老兄怎麼這程子，我總沒見儞哪

我回家收莊稼去了

令年收成的怎麼樣哪

今年收成的還算好哪

儞種着有多少地呀

連語　69

我的地不多纔十頃多地
워의부뒤쳐시칭뒤의

今年儞打了有多少石糧食哪
진녠늬셔라위뒤쌴단량식나

打了有三百多石糧食
쌰라위비량에

那麽今年儞打的糧食比去年多
나마진녠늬셔뒤량에새취녠뒤

今年比去年多打了有五十多石糧
진녠삐취녠뒤라우뒤단량

食了
시라

第四十七課　連語（問路）

這是上開平的道兒麽
져으쌍캐핑뒤단얼마

這條路是上北京的大道
져탸루의쌍베징의쎠다

這道河深不深
져다허씬부씬

내짜은만치안소게우十頃餘地올
시다
今年에츄슈는멧섬이나호엿소
三百石남짓호엿소
그러면今年츄슈가쟉년에비호면
만소그려
今年은作年에비호면五十餘石을
더호엿소

이것이開平가는길이오
이길은北京가는큰길이오
이하슈는깁슴닛가

第四十八課　連語（出租）

這個大河深得很
져거시내혼

現在有要開的火輪船麼
쎈지우얄캐되휘룬찬마

現在住着有兩隻火輪船、有一隻
쎈지주져우량지휘룬찬 위이지

是後天早起開
싀휘뎬잫치캐

後天早起開的這隻火輪船、甚
휘텐잫치캐되져지휘룬찬 쩐

麽名字
마밍쯔

這隻船、名字叫山東
져지찬 밍쯔잔쌴둥

船好不好
찬하부하

這隻船很好
져지찬흔하

이하슈는미우갑소

지금떠나는화륜션이잇슴닛가

지금화륜션두쳑이잇는디한쳑은

모리早朝에떠나오

모리早朝에떠나는화륜션의일홈

은무엇이오

이빈는山東丸이오

빈는죳소

이빈는미우죳소

這個房子多咱租的 이방은은제셰드섯소
上月搬來了 지난달에반이호여왓소
有幾間屋子 방이몃잔이오
樓下有五間屋子 아릭층에방다섯잔이잇소
一個月多少房錢 한달에방셰가을마오
一個月三十五塊錢 한달에三十五圓이오
厨房很臟了 부억이미우더럽소
這是烟薰火燎的了 이것은연긔에그럿슴니다
隔壁兒怎麼那麼喧嚷 隔壁에셔는우이져러케쩌드오
隔壁兒客人所滿了 隔壁에는客이마니드럿소

第四十九課 連語（喪事）

他們家裡誰不在了、前兒我在他們那兒過看見家裡的人們、都穿着孝呢、我因爲忙着來該班兒故此也沒有得問一問

剛纔我聽見說、他的父親不在了

你吊喪去了沒有

昨兒做道塲、我在那兒坐了一整天呢

多咱出殯

더 사름의 집에 누가 죽엇소 악가내 가져의 집압흘 지날떠에 보니져의들이 모다 喪服을 입엇습듸다 내가 밧비 옴을 인호야 한번무러 보지도 못호엿소

악가내 가드르니 져의 부친이 도라 갓다 홉듸다

로형 됴상 갓셧소

어제 져올 니는데 나도 져긔 가셔 하로 안 젓셧소

언제 出殯호오

第五十課 連語 (商店)

說是月底
뭐시噎더 슈믄잉듸져나믤
他們坐地在那兒
타믄청워시듸뭐 리둥청워시듸뭐
離東城有五十多里
리둥청워우시뒤리
東城外五十餘里에잇소

져의山地는어듸잇소

금움게호다합듸다

先生你想在我店裡買些東西
션싱니썅자이워덴리매쎼둥시
선싱、당신내젼에셔물건좀사시려호시오

若是價錢相宜我要向你買許多東西
워시자첸샹이워야우썅니매쉬뒤둥시
갑이싸면多少間로형에게물건좀사려호오

你要向我買些甚麼
니야썅워매쎼슴마
로형무슨물건을사려호시오

我想向你買些頂尖肥皂
워썅썅니매쎼딩쟌페잔
上等비루를사려홉니다

儞有得出賣麼
니워데츄미마
팔것이잇슴닛가

第五十一課　連語 (傭人)

有、我有許多出賣 팔것이만이잇슴니다
請拿那個出來給我看看我向儞買 져것을가져너여내게뵈시오내가 삼터이니
一打要多少錢 한닷스에얼마오
實價一打一塊洋銀 실가가한닷스에일원이오
貨眞價實 로형이갑을너무달나시오
儞得價錢太貴 물건이조코갑도실답소이다
儞看香得很 이향늬나는것을보시오
儞可以減少些兒價錢麽 좀갑을쌱지못ᄒ겟소
我不能減價 갑은쌱글슈업소

連語　75

先生儞行內要請一個寫字的麽
션싱당신젼에셔긔호사룸쓰시려호시오

若是我請儞儞可以同我立一年的
그러면내가로형게쳥호오나고一

我從前曾經讀過英文有五年了
나는거왕에영문을오년공부호엿슴니다

合同麽
허동마
年계약을호시겟소

我可以同儞立一年合同
내로형과一년계약을호겟소

儞可以尋出保人保儞麽
로형보중인호ᄉ룸엇어내겟소

我不能應承儞尋保人
로형이보중인을차지시면나는홀슈업소

儞每月要多少薪水麽
로형민월에월급얼마나요구호오

我所要的薪水我望儞每月給我二
내요구호는월급은민월二十圓을

十塊
시쾌
바라오

儞從前在何處傭工
늬충쳬지허추용궁
젼에어듸셔일보셧소

我從前在那個行裡做了三年寫字
워충쳬지나거항며뤄라쌴녠쎼쯔
내그젼에져면에셔三年간글씨썼
다
了

我當後失來充此職
워썅허뤼래충츠지
내모레브터와셔일호겟소
合니다

第五十二課 連語（博覽會）

儞看賽珍會去了麼
닌칸쌔진희춰라마
로형박람회에가셔보셧슴닛가

我還沒去哪、儞去了沒有
워해메취나、닌취라메우
나는아즉못갓셧소 로형갓셧소

我去了三盪
워취라싼탕
나는세번갓셧소

都看完了麼
두칸완라마
다보셧슴닛가

那兒能看完呢、総得去五六盪纔
나얼넝칸완니、중데취우류탕쳬
어듸 영간완니 웃지다보아요、웃지든지五六次

能看完吶
덩완완나
가야다보자오

怱沒有事今夫同我再去一盪好不
닝메위싀진텐퉁워재취이탕핫부
로형일업거든오놀나ㅎ고갓치또한번가시면웃더ㅎ겟소

好
좃소이다그러면곳나아갑시다

別忙喝一碗茶再去罷
볘망허이완차재취바
밧바ㅎ지마시오、차혼잔먹고갑시다

可以那麽這就去罷
커이나마져취바
보시오져것이제일회장이오

就賬、那是第一會塲
쟉챵、나싀듸이회챵
쎠잘지엇소、이、표는어듸셔삼넛

蓋的實在好看可是那票在那兒買
쎄의시재핫칸커싀나퍄재나얼마

呢
니
가

那個門口兒傍邊兒的房子就是賣票處、俉等一等兒我買票去
나거문쿨얼팡볜얼듸팡즈쥬시맛퍄추、니덩이덩얼워매퍄취
져문간겻방이표파는곳이오로형좀기다리시오내가표사가지고오리다

第五十三課 連語 (續)

這就是第一號舘、咱們先看右邊兒罷

여긔는계일호관이오우리먼져우편으로가셔봅시다

這邊兒都有甚麼東西

여긔는모다무슨물건이잇소

是各學堂的出品、像片兒、樂器、文具、和各樣兒的玩意兒甚麼的

각학교출품물과사진과악긔와문구와기타각식쟉난감들이오

那左邊兒有甚麼東西

져좌편에눈무슨물건이잇소

磁器、玻璃、玉器、皮張還有各樣兒的像具

자긔、류리、옥긔、피물긔와에또각식셰간이잇소

東西很多、而且擺的也很好看
等着再來試一試罷、今兒沒有工
夫了
請等一會兒
我還有事現在要告眼
那麼我倒不敢深留了
再見再見
我很愛鄉下的光景
不錯鄉下是很清雅的

第五十四課 連語 (田舍)

물건이미우만코또미우보기조케
벌녀노왓소구려
이다음에와셔또봅시다지금은겨
를이업스니
좀기다리시오
내가일이잇셔지금쟉별을고호오
그러면나도감히만류할슈업소
또봅시다
나는시골이미우좃소
그럿소시골은미우쳥아호오

上郊外去逛罷
穿過那個樹林子去罷
那個村莊叫甚麼
我也不知道那個屯裏
那山上的別業是誰的
這個房子我的別業了
左近地方都是荒着的
去年叫洪水淹了
這幾天下雨路滑走不得
如今往那里

들밧게구경갑시다
이슈림을지나너머갑시다
저촌은무슨촌이오
나도뎌촌은모르오
져산우에졍즈는뉘것이오
이집은내졍즈오
근쳐는모다소조ᄒᆞ구려
去年에洪水로沉淹ᄒᆞ엿소
요ᄉᆞ이비가와셔길이밋그러갈슈업소
지금어ᄃᆡ로가시려ᄒᆞ오

第五十五課 連語 （悶暑）

那個村莊我們有一個朋友要出看
거긔춘장워믄위이쎄명우앞츈칸
他라
타
慢些走差不多當午肚餓了
만쎼쪄차부뒈당우두어라
咱們找一個凉快的地方兒逛逛去
자먼쟎이거량쾌듸듸얭얼쌩쌩취
這麽熱天氣竟在家裡受不得了
져마서렌치쟁재쟈리셔부더라
罷
바
儞既然不舒服別在外頭進屋裏去
닌지산부수부쎄제왜허진우리취
暖着點兒罷
놘져뎬얼바
天氣悶熱的利害
텐치먼서듸리히

져촌장에우리친구ᄒᆞᆫ분잇는듸가
셔보려ᄒᆞ오
쳔쳔이갑시다거진열두시오비곰
ᄒᆞ오
우리ᄒᆞᆫ셔늘ᄒᆞᆫ듸방에산보갑시다
이러ᄒᆞ게더운날집안에안즈니못
견듸겟소
로형불편ᄒᆞ시거든밧게나시지말
고방에드러가셔셔좀덥게조례
ᄒᆞ시오
일긔가너무더워못견듸겟소

第五十六課 連語 (常言)

連詞

寒暑表有九十五度了
한슈빤우작시우두라
한셔표가 九十五度 되엿다

一點兒風絲兒也沒有
이뎐얼펭쓰얼예메우
一點의 風이 絲만치도 업소

所有的傢伙都是燙手兒的熱
쒀유듸쟈휘두시탕쑤얼듸서
모든 세간이 다 손을 데을 듯호게 쯔겁소

越喝冰水越渴
웨허빙쒀웨커
빙슈 마실슈룩 더욱 목이 마르오

汗下如雨
한쌰쭈위
땀이 비갓치 흐르오

別人兒都是赤身露體的坐着、還
볘신얼두식츠썬루틔듸쮜져, 히
타인들은 다 벌거벗고 안져셔 더위

怕中暑
파즁슈
먹을가호오

在樹林子裡坐着、聽那山溪兒水
짜이쓔린쯔리쮜져, 팅나쌴시얼쉐
슈림속에 안져셔 산간의 물소리를 드르니 춤만 가지셩 깔이 다 뷘

聲、眞叫人萬慮皆空
셩, 쳔쟌신완뤼졔쿵
듯 십소

天下無難事只怕不用心
難者不會會者不難
忙行無好步
有志吃志無志吃力
針無兩頭利
燕雀豈知鴻鵠志
林中不賣薪湖上不賣魚
買賣爭毫厘
價高招遠客
蠅頭小利奔西走東

天下에 難事가 無하고다만 用心아니홈만 怕한다
難호者는 會치못하고 會호者는 難치안타
忙히 行홈에 好步가 無한다
志가 有하면 志를 吃하고 志가 無하면 力을 吃한다
針은 兩頭의 利가 無한다
燕雀이엇지 鴻鵠의 志를 知하리오
林中에셔 薪을 賣치안코 湖上에셔 魚를 賣지 안는다
買賣에 毫厘를 爭한다
價가 高하면 遠客을 招하여진다
蠅頭의 小利로 奔西走東한다

末籌買先籌賣
上山捉虎易開口語人難
自己無能反推物鈍
秀才談書屠戶談豬
多喫少滋味少喫多滋味
百藝無如一藝精
家人犯法罪在家主
一夜不眠十日不安
直木先伏甘井先渴
疑人莫用人用人莫疑人

買호기를 籌쳐말고먼저賣호기를 籌호다
山에 上호야捉虎호기는 易호고口를 開호야 人에게 語호기는 難호다
自己가 無能호되 도리여 物이 鈍호다 推호다
秀才는 書를 談호고 屠戶는 豬를 談호다
만이먹으면 滋味가 가격고 격게먹으면 滋味가 만타
百藝가 一藝의 精홈만 不如호다
家人이 罪을 犯호미 罪는 家主에게 在호다
一夜를 眠치 아니호다가 十日이나 安치 안타
直호木은 先하고 甘호井은 先히 渴호다
人을 疑커든 人을 用치 말고 人을 用커든 人을 疑치 말라

第五十七課 連語（續）

天下之事非教無成
腹有詩書氣自華
打得雷大落得雨小
肉腐出蟲魚枯出蠹
不登山不知天之高
不臨溪不知地之厚
路不行不到事不爲不成
臨淵羨魚不如退而結網
近鮑者臭近蘭者香

天下의 일은 敎가 아니면 成치못ᄒᆞᆫ다
腹에 詩書가 有ᄒᆞ면 氣가 自然히 華ᄒᆞ다
雷가 大ᄒᆞ면 雨가 小ᄒᆞ다
肉이 腐ᄒᆞ면 虫이 出ᄒᆞ고 魚가 枯ᄒᆞ면 蠹가 生ᄒᆞᆫ다
山에 登치 아니ᄒᆞ면 天의 高ᄒᆞᆷ을 모른다
溪에 臨치 아니ᄒᆞ면 地의 厚ᄒᆞᆷ을 모른다
路는 行치 아니ᄒᆞ면 到치 못ᄒᆞ고 事는 爲치 아니ᄒᆞ면 成치 못ᄒᆞᆫ다
淵에 臨ᄒᆞ야 魚를 부러워홈이 退ᄒᆞ야 綱을 結홈만 不如ᄒᆞ다
鮑ᄉᆞ람을 갓가이 ᄒᆞ면 님시가 나고 蘭을 近히 ᄒᆞ면 香내 난다

名 詞

莫看強盜吃肉只看強盜受罪
머간창단치어즈간창단쎄웨

見善如不及見惡如探湯
션산수부지젼어수탄탕

不大其棟不能任重
부다치중부녕인중

畵虎不成終類犬
화후부청중뤼챤

忙中有錯
망중위취

千個師傅千個法
쳰거스부쳰거바

賣瓜的說瓜甜
머마띄쉬파텐

官不保人私不保債
판부바인쓰부바제

肚餓好喫麥米飯
두어학치머미빤

新是香陳是臭
신시샹쳔시쳐

強盜가肉먹는것을보지말고強盜가罪밧는것을보아라

善을見ᄒᆞ되不及홈과如히ᄒᆞ고惡을見ᄒᆞ되湯을探홈과如히ᄒᆞ라

기동이크지못ᄒᆞ면무거운것을감당치못ᄒᆞᆫ다

虎를畵ᄒᆞ야成치못ᄒᆞ면終에犬과갓다

밧분중에셔차착이잇다

千個스승에千個법이라

賣瓜商이제외달다고말ᄒᆞᆫ다

官人은人을保치안코私人은債들보치안ᄂᆞᆫ다

비곱흐면보리밥도잘먹는다

新ᄒᆞ면香ᄂᆞ나陳ᄒᆞ면닛시난다

連語

口是無量斗
쿼의우량수
입은한량업는말이라

蠢妻逆子無法可治
슌치이쯔우애커의쟈난치
어리셕은妻와패역흔子는治흘法이업다

國易治家難齊
케이의쟈난치
國은治키易ᄒᆞ고家ᄂᆞᆫ齊키難ᄒᆞ다

怕儞不嫁儞嫁儞不怕儞
파늬부쟈늬쟈늬부파늬
너를시집못보낼가두려울지너를시집만보닉면너두려울것은업다

家敗奴欺主
쟈비누치쥬
家가敗ᄒᆞ면奴가主를欺ᄒᆞᆫ다

斗米不成包
터미부청바
斗米로包를成치못ᄒᆞᆫ다

狗瘦主人羞
쳔쓔쥬인셩
개가파리ᄒᆞ면쥬인이붓그럽다

察室莫過隣里
차시머커린리
室을察ᄒᆞ기는鄰家에지날것이업다

善人聽說心中刺惡人聽說耳邊風
싼인팅쉐젼즁츠어신팅쉐얼볘앵
善人은說을聽ᄒᆞ면中心이刺ᄒᆞ야지고惡人은說을聽ᄒᆞ면耳邊으로흘너난다

桑條從小揉
쌍탸ᇰᄒᆞᆼ쏸쇼
ᄲᅩᆼ나무가지는휘츄리로브터취여잡는다

第五十八課 連語

鐵이 鋼을 成치못홀가恨이라

在生不孝死祭無益
사라셔불孝ᄒ고죽어셔졔지니면무엇ᄒ리

在生不把父母敬死後何必哭靈魂
사라셔父母를敬치안코죽어셔애靈魂을哭ᄒ노

孝爲百行之源
孝는百가지힝실에근원이된다

浮生若夢
浮生이ᄭᅮᆷ과갓다

生有日死有時
生홈은日이有ᄒ고死홈은時가有ᄒ다

人生一世草木一春
人生은一世오草木은一春이라

夫死三年妻大孝妻死無過百日思
난편죽어三年에妻는大孝ᄒ되妻죽어百日을思ᄒ는자업다

平生莫作皺眉事世上應無切齒人
平生에皺眉事를作지마라世上에벅시切齒人이無ᄒ다

諺語 89

福不雙至禍不單行
 복부쌍지화부단힝
前人開路後人行
 쳔인캐루후신힝
寧作太平犬, 莫作逆亂人
 닝쥭태평건, 머쥭이란신
人不傷心淚不流
 신부샹신레부류
一葉既動百枝皆搖
 이예지동빅지제요
禍福無門惟人所招
 훠복무문위신쒀쟌
因風吹火用力不多
 인풍췌훠용릭부뒤
白日莫閑過靑春不再來
 쎄시머꿴궈칭츈부지리
一家打牆兩家方便
 이쟈따쟝량쟈빵볜
莫道文王卦不靈只怕先生斷不眞
 머단운왕꽈부링지파션셩단부쪈

福이쌍으로오지안코禍가畢으로
行치안는다
前人이路를開ᄒ고後人이行ᄒᆫ다
太平犬이될지언졍逆亂人은짓지
마라
人이傷心치아니ᄒ면淚가흐르지
안는다
一葉이움작이면빅가지가다혼들
닌다
禍福은문이업고소롬이부르는데
잇다
白日을閑過치마라靑春이再來치
안는다
바롬을因ᄒ야火를吹ᄒ면用力이
만치안타
한집에셔담짜으면두집이방편ᄒ
ᄂ다
文王卦가령치안타ᄒ지말고先生
의지조부족ᄒᆫ것이나싱각ᄒ오

第五十九課　連語（續）

世事皆先定浮生空自忙
萬般皆由命半點不由人
福生有基禍生有胎
抱薪救火
開門揖盜
挑雪塡井
得魚忘筌
瞎子上山看景致
老鴉笑猪黑自醜不覺得

世事는다先히定훈것을浮生이空然이奔忙훈다
만반이다명이지반분도사람은由치안는다
福이生훔은基가有후고禍가生훔은胎가잇다
薪을抱후고火를救훈다
문을열고도젹에게읍훈다
눈을파서우물을메인다
魚를得후면筌을忘훈다
쇼경이산에올나경치를본다
가마귀가도야지검우것을웃되자긔더런것은아지못훈다

名詞

學無老少達者爲先
黃金有價書無價
一日之師終身爲父
家有書聲家必興
家有歌聲家必傾
有意栽花花不發無心插柳柳成陰
當斷不斷反受其難
少壯不努力老大徒傷悲
英雄無用武之處
當局者迷旁觀者淸

學은老少가업고達혼者가先이된다
黃金은價가잇되書는價가업다
一日의師는終身의父가된다
家에書聲이有하면家가반다시興하고
家에歌聲이有하면家가반다시傾혼다
意가잇서花를裁호엿드니花는發치안코心이無호야柳를揷호엿드니柳는陰을成호엿다
걸단홀것을결단치안으면反히難을受혼다
졀머서힘쓰지안으면늙어서한갓슯흐다
영웅이용무홀곳이업다
당국혼자는희미호고방관호자는 맑다

名詞

從苦中得甘
明月不常圓
彩雲容易散
樂極生悲
福壽康寧人所同欲
平安兩字値千金
淸閒兩子錢難買
飛蛾撲燈自燒其身
害人終害己
暗藏甲兵

苦에서甘을得한다
明月이항상둥그지안는다
彩雲이容易하게허여진다
樂이極하면悲가生한다
복슈강녕은사람의욕심내는바이라
平安두즈는갑이千金이라
淸閒두즈는돈으로도못산다
나뷔가등을처다스사로그몸을사른다
人을害하면終에己를害한다
가마니陰計를품엇다

連語

袖裏藏刀
ぐ리쟝(속)단
수리속에칼을감초엇다

螳螂捕蟬豈知黃雀在後
당랑부쌴치지항챤저후
말똥구리가미암이를잡으믜웃지참시가뒤에잇는줄을아랏스랴

助桀爲虐
츄졔위학
걸이를도와셔사오나음을혼다

豹死留皮人死留名
표ㅅ쓰루피신쓰루밍
豹가死ᄒᆞ면皮는남고人이死ᄒᆞ면名은남는다

螞蟻搬泰山
마이싼태싼
ᄀᆡ미가틔산을쩌간다

大丈夫起家容易眞君子立志何難
다쟝ᄲᅮ치자웅이쪈쥰지리하난
大丈夫가起家ᄒᆞ기容易ᄒᆞ니眞君子가立志ᄒᆞ기무엇이難ᄒᆞ리

兩耳不聽窓外事一心只讀案前書
량얼부팅챵왜싀이신지두안쳰슈
兩耳로窓外의事를不聽ᄒᆞ고一心으로案前의書만讀ᄒᆞᆫ다

三更燈火五更鷄正是男兒立志時
싼겅뎡훠우겅지졍시난얼리지ᄉᆠ
三更의燈火와五更의鷄聲은正히男兒의志를立ᄒᆞᆯ時라

附錄　索引

第六課
　甚麽 무엇　東西 물건　事情 수건　時候 시간

第七課
　枕頭 베개　遊歷 유람　做買賣的 쟝사　現在 지금

第八課
　念書 글읽다　學堂 학교　衣裳 의복　帽子 모즈

第九課
　很 미우　穿 입다　山東丸 빈일홈

第十課
　吃 먹다　烟袋 담빈씨　生意 장수일

第十一課

附錄　　95

第十二課　哥哥 형　敝 자긔(謙稱)　賤 자긔 (嫌稱)　貴幹 보실일　張家口 디명　貨物 물건　住着 유숙

第十三課　甲子 년셰　恭喜 영업　泰昌 샹뎜일홈

第十四課　托福 덕퇵으로　多謝 고맙소

第十五課　火車站 졍거장　多唱 온제　開船 출범

第十六課

第十七課　多少 얼마　十塊 십원

怎麼 읏더케 法子 방법 擱 치다 淸醬 잔장

第十八課

不辦 ᄒ지안타 沒有 업다 工夫 시간

第十九課

一定 싁 道兒 길

第二十課

還 아즉 認得他 져를안다 己經 벌셔
辦完了 맛초다

第二十一課

沒準兒 고르지못ᄒ다 悶 답ᄯᄒ다 颳 불다
土 몬지 冒嘴兒 돗다 月亮 달 雲彩 구름
白天 낫

第二十二課

喜歡 질기다 和 과 號砲 호포

第二十四課

府上 덕내 拜年 셰비 屠蘇酒 셰쥬 餃子 썩국

客氣 사양

第二十五課

歇伏 하긔방학 整 셕 一塊兒 한가지 走 가다

第二十六課

月底 월종 齊截 정돈 大概 대개 旱路 륙디

候車房 대합실 底下人 하인

第二十七課

不錯 그럿소 一盪 한번

第二十八課

熱鬧 번창ᄒᆞ다、야단스럽다

附錄

第二十九課　年底 셰말　一燒兒 잠깐동안에
過獎칭찬을과이혼다　送禮 선수

第三十六課　禮拜 례빅　逛逛 구경혼다　都 모다

第三十七課　胡同兒 골목　尺寸單子 쳑슈표본　時興的 시쳬것

第三十八課　洗臉水 셰슈물　芥末 계즈가로　白鹽 소금

第三十九課　泐 담다　燙 식리다　菜單子 음식발긔
新宰的 시로잡눈것　擦一擦 씻다

附錄

第四十課 頂大的 써큰　客棧 긱쥬집　舖盖等類 이부자리
澡堂 목욕탕

第四十一課 利害 무셥의다

第四十二課 掌櫃的 상뎜주인　紙張 죠회
得意 리남다　行市 시셰

第四十三課 賬々 보이다

第四十五課 泊口 長城外蒙古沙漠地　有長無落 시셰좃타

第四十六課 東家 쥬인　行裏 상뎜속　名片 명편
回頭 다시　等我 나를기다리다

附錄　100

第四十八課　早起　일즉

第四十九課　租 셰드다　屋子 방　腌臜 드럽다　隔壁兒 이웃집

第五十課　穿孝 거상입다　做道塲 지을니다

第五十一課　寫字的 셔긔　合同 계약　薪水 월급　後天 모레

第五十三課　賽珍會 박람회　別 마러라

第五十四課　像片兒 사진　傢俱 셰간　深留 만류ᄒᆞ다

第五十五課

別業 졍주 肚餓了 빅곱프다
傢伙 가산즘물 越 슈록

第五十六課

漢語의 注意홀者는 語錄이니 語錄의 用例는 文章과 不同ᄒᆞ야 學치아니ᄒᆞ면 解키 不能홀지라 左에 槪要를 列揭ᄒᆞ야 其 用法을 知케ᄒᆞ노라

的、 之와 者의 意라
兒、 語句에 添ᄒᆞ야 語氣를 圓滑케홈이라
了、 過去ᄉ는 定確ᄒᆞᆫ 境遇에 用홈이라
罷、 未來ᄉ는 命令의 意를 表홈이라
麽、 疑問詞니 廣히 用홈이라

很,믜우의意라
怕,아마,대개의意라
快,곳의意라
沒,不의過去라
哪,助詞니나가의意라
子,助詞니名詞下에添用홈이多ᄒᆞ니라
是,應答又는代名詞라
倒,도리여의意라
還,아즉의意라

呢、 助詞니 疑問의 意라
太、 甚의 意라
啊、 助詞니 間投辭라
剛、 맛치의 意라
打從、 브터의 意라
不錯、 틀니지 안는다의 意라
不對、 합당치 안타는 意라
故意、 일부러의 意라
使得、 된다의 意라

偏巧、^{맨찬} 공교이의意라

敢情、^{짠칭} 웃지의意라

比方、^{때 빵} 비컨터의意라

如果、^{수궈} 파연의意라

還是、^{히쉬} 역시의意라

好歹、^{후대} 조코그르고의意라

發財、^{에체} 돈몬다의意라

恭喜、^{꽁시} 경스답다의意라

還有、^{히우} 아쥭잇다의意라

착량 着凉, 감긔 드다의 意라
썰단 骰了, 쭉ᄒᆞ다의 意라
히산 害臊, 붓그럽다의 意라
챤잉 照應, 쥬션ᄒᆞᆫ다의 意라
ᄬᅡᆼᄲᅦᆫ 方便, 편리ᄒᆞᆫ다의 意라
커치 客氣,
쥐리 拘禮, } 샤양ᄒᆞ다의 意라
리히 利害, 심ᄒᆞ다의 意라
ᄒᆞᆼ졍 行情, 시셰의 意라

用功、 공부한다의意라
商量、 이약이한다의意라
賦閑、 틈, 겨를의意라
這次、 이번의意라
找錢、 덧드리의意라
照牌、 현판의意라
滙兌、 환젼의意라
辜負、 은혜 모른다의意라
搭夥、 組合의意라

附錄

勝仗、 승젼ᄒᆞ다의 意라
放肆、 제마음ᄃᆡ로의 意라
幫襯、 도와준다의 意라
高興、 자미잇다의 意라
囉唆、 변ᄉᆞ치안타의 意라
就擱、 지쳬의 意라
安當、 당연의 意라
瑣碎、 조고맛타의 意라
靠他、 져사람에게의지ᄒᆞ다의 意라

瞞他、 져 사름을 속인다의 意라
만타

饒他、 져 사름을 용셔한다의 意라
삭타

得着、 방히한다의 意라
이져

少些、 젹다의 意라
쌰쎄

欠些、 부족한다의 意라
첀쎄

撈着、 取한다의 意라
란져

淸楚、 똑똑한다의 意라
칭추

胡說、 거즛말의 意라
후쉬

嘮嘮、 시끄럽다의 意라
란잔

附錄

淘氣、 한치 작난하다의 意라
算做、 싼쥐 싱각하다의 意라
未曾、 웨셩 아즉의 意라
暗抄、 안찬 書取의 意라
交卸、 잦세 交換의 意라
不准、 부쥰 허락지안타의 意라

漢語獨學終

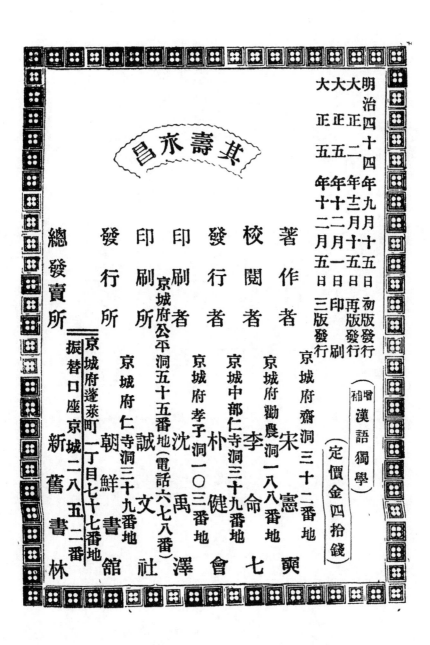

"早期北京話珍本典籍校釋與研究"
叢書總目錄

早期北京話珍稀文獻集成

（一）日本北京話教科書匯編

《燕京婦語》等八種　　　　　　四聲聯珠
華語跬步　　　　　　　　　　　官話指南・改訂官話指南
亞細亞言語集　　　　　　　　　京華事略・北京紀聞
北京風土編・北京事情・北京風俗問答
伊蘇普喻言・今古奇觀・搜奇新編

（二）朝鮮日據時期漢語會話書匯編

改正增補漢語獨學　　　　　　　修正獨習漢語指南
高等官話華語精選　　　　　　　官話華語教範
速修漢語自通　　　　　　　　　無先生速修中國語自通
速修漢語大成　　　　　　　　　官話標準：短期速修中國語自通
中語大全　　　　　　　　　　　"內鮮滿"最速成中國語自通

（三）西人北京話教科書匯編

尋津錄　　　　　　　　　　　　北京話語音讀本
語言自邇集　　　　　　　　　　語言自邇集（第二版）
官話類編　　　　　　　　　　　言語聲片
華語入門　　　　　　　　　　　華英文義津逮
漢英北京官話詞彙　　　　　　　北京官話：漢語初階
漢語口語初級讀本・北京兒歌

（四）清代滿漢合璧文獻萃編

清文啓蒙　　　　　　　　　清話問答四十條
一百條・清語易言　　　　　　清文指要
續編兼漢清文指要　　　　　　庸言知旨
滿漢成語對待　　　　　　　　清文接字・字法舉一歌
重刻清文虛字指南編

（五）清代官話正音文獻

正音撮要　　　　　　　　　正音咀華

（六）十全福

（七）清末民初京味兒小説書系

新鮮滋味　　　　　　　　　過新年
小額　　　　　　　　　　　北京
春阿氏　　　　　　　　　　花鞋成老
評講聊齋　　　　　　　　　講演聊齋

（八）清末民初京味兒時評書系

益世餘譚——民國初年北京生活百態
益世餘墨——民國初年北京生活百態

早期北京話研究書系

早期北京話語法研究
早期北京話語法演變專題研究
早期北京話語氣詞研究
晚清民國時期南北官話語法差異研究
基於清後期至民國初期北京話文獻語料的個案研究
高本漢《北京話語音讀本》整理與研究
北京話語音演變研究
文化語言學視域下的北京地名研究
語言自邇集——19世紀中期的北京話（第二版）
清末民初北京話語詞彙釋